Roman Orgonetz, alias Calleve
Verte, etc. En apercevant l'un
adversaires si proche, Morane
s'empêcher de
savaient
où il
s à l'a
la surp
ur de la
nt. Si vou
pourrai p
lui aussi,
ns-nous à
.. Bien entendu, le
les, à l'aide d'un
y distinguer une
secoua la tête.
te cette histoire,
le du téléphone
ere de Agui-
Morane, car
Jean, nous
elle était
idée à
nt —
nous
seule et même
ue celle dont vous êtes *tant*
Miss White, glissa Ballantine.
utile de formuler le moindre
d'une voix rêveuse. Pour le mo-
le est notre seule piste. Or, comme
trouver ce gros patapouf pour lui
conter ce qu'il sait, il ne nous reste
les vers du nez à la Bête Blanche...
facile à dire... Mais comment nous
d'elle ? Elle est mieux gardée que les
Couronne...
ane haussa les épaules avec indifférence.
ous trouverons bien un moyen, dit-il. Pour le mo-
filons en ville et trouvons
pas trop voyant,
nous pourrons mett
point... Ce serait
bien le diabl
à trouver une
solution...
Il mit le
cachette et,
direction de la
Derrière eux
rière dans une a
RIO
BAGGAGE (STRAP) TAG
ETIQUETA DE BAGADEM REGISTRADA
VOO/FLIGHT
RIO DE JANEIRO
S.A. EMPRESA DE VIAÇÃO AÉREA RIO-GRANDENSE
71-73-07
VARIG
CONTINENTAL
GOLDEN JET
FLIGHT
CHECKED PIECES Nº
TO
BOMBAY
TOTAL WEIGHT
INDIA
International
AI-1-

DESSIN

DINO ATTANASIO

SCÉNARIO

HENRI VERNES

bob morane

INTÉGRALE 1

LE LOMBARD

BRUXELLES

DÉJÀ PARUS

INTÉGRALE 1

L'OISEAU DE FEU
LE SECRET DE L'ANTARCTIQUE
LA TERREUR VERTE

INTÉGRALE 2

LES TOURS DE CRISTAL
LE COLLIER DE ÇIVA
LA PISTE DE L'IVOIRE

Certifié PEFC
Ce produit est issu de forêts gérées durablement et de sources recyclées et contrôlées.
PEFC 10-31-1800
pefc-france.org

Illustration de couverture : Pierre Joubert

L'intégralité des couvertures de Bob Morane et Marabout Junior illustrées par Pierre Joubert sont éditées par les Éditions Delahaye dans « L'Aventure Marabout ».
www.carnet2bord.com

D/2015/0086/397
ISBN 978-2-8036-3591-7

Dépôt légal : octobre 2015
Imprimé en France par PPO

R 02/2016

LES ÉDITIONS DU LOMBARD
7, AVENUE PAUL-HENRI SPAAK
1060 BRUXELLES - BELGIQUE

BOB MORANE

INTÉGRALE 1

DESSIN
DINO ATTANASIO

SCÉNARIO
HENRI VERNES

Ce premier tome
reprend les épisodes suivants :

BOB MORANE
ET L'OISEAU DE FEU

BOB MORANE
ET LE SECRET
DE L'ANTARCTIQUE

BOB MORANE
CONTRE LA
TERREUR VERTE

**DOSSIER RÉALISÉ
PAR JACQUES PESSIS**

BOB MORANE

SES DÉBUTS DANS LA BD

Le 10 décembre 1953, les Éditions Marabout publient en Belgique et en France le numéro 16 de « Marabout junior », une collection lancée quelque temps plus tôt, essentiellement destinée à la jeunesse. Intitulé *La Vallée infernale*, ce roman a pour héros un ingénieur, brillant pilote de la Royal Air Force pendant la Deuxième Guerre mondiale. Il s'appelle Bob Morane. Le volume au format de poche, tiré à 8 000 exemplaires, est épuisé en moins de trois semaines.

Ce succès inattendu est né dans les cours d'écoles. Dans les rayons des librairies, des collégiens remarquent la couverture, feuillettent le livre et obtiennent de leurs parents la modique somme permettant de l'acheter. Au fil des pages, ils sont touchés par la personnalité du héros, mais aussi par le style de l'auteur, qui a réussi à mêler dans un dosage subtil le suspense et un dépaysement que les moyens de locomotion ne permettent encore guère de vivre en vrai. Certains sont tellement passionnés que dès la fin des cours, ils se précipitent chez eux pour se plonger dans la suite d'une aventure qu'ils ont dévorée la veille au soir, jusqu'à ce que leurs yeux se ferment.

On commence aussi à s'interroger sur l'identité de l'écrivain, un certain Henri Vernes. La rumeur assure qu'il serait un descendant de Jules Verne, même si son nom comporte une lettre de plus. L'intéressé, amusé, ne dément pas, bien au contraire. En réalité, l'auteur s'appelle Charles-Henri Dewisme. Il préfère signer sous un pseudonyme parce qu'il souhaite conserver sa véritable identité pour publier dans le futur des ouvrages pour adultes. Il a choisi Henri Vernès, sans réaliser que sur la couverture, son nom serait écrit en lettres capitales, donc sans l'accent grave.

La Vallée Infernale, ↑
1953 : le début de l'aventure.

Le premier contrat de Henri Vernes en 1953 : il sera suivi de dizaines d'autres. →

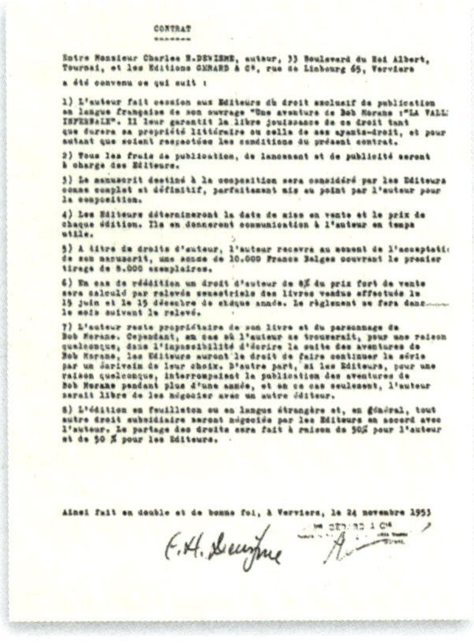

CONTRAT

Entre Monsieur Charles H.DEWISME, auteur, 33 Boulevard du Roi Albert, Tournai, et les Editions GERARD & C°, rue de Limbourg 65, Verviers

a été convenu ce qui suit :

1) L'auteur fait cession aux Editeurs du droit exclusif de publication en langue française de son ouvrage "Une aventure de Bob Morane :"LA VALL INFERNALE". Il leur garantit la libre jouissance de ce droit tant que durera sa propriété littéraire ou celle de ses ayants-droit, et pour autant que soient respectées les conditions du présent contrat.

2) Tous les frais de publication, de lancement et de publicité seront à charge des Editeurs.

3) Le manuscrit destiné à la composition sera considéré par les Editeurs comme complet et définitif, parfaitement mis au point par l'auteur pour la composition.

4) Les Editeurs détermineront la date de mise en vente et le prix de chaque édition. Ils en donneront communication à l'auteur en temps utile.

5) A titre de droits d'auteur, l'auteur recevra au moment de l'acceptati de son manuscrit, une somme de 10.000 Francs Belges couvrant le premier tirage de 8.000 exemplaires.

6) En cas de réédition un droit d'auteur de 8% du prix fort de vente sera calculé par relevés semestriels des livres vendus effectués le 15 juin et le 15 décembre de chaque année. Le règlement se fera dans le mois suivant le relevé.

7) L'auteur reste propriétaire de son livre et du personnage de Bob Morane. Cependant, en cas où l'auteur se trouverait, pour une raison quelconque, dans l'impossibilité d'écrire la suite des aventures de Bob Morane, les Editeurs auront le droit de faire continuer la série par un écrivain de leur choix. D'autre part, si les Editeurs, pour une raison quelconque, interrompaient la publication des aventures de Bob Morane pendant plus d'une année, et en ce cas seulement, l'auteur serait libre de les négocier avec un autre éditeur.

8) L'édition en feuilleton ou en langue étrangère et, en général, tout autre droit subsidiaire seront négociés par les Editeurs en accord avec l'auteur. Le partage des droits sera fait à raison de 50% pour l'auteur et de 50 % pour les Editeurs.

Ainsi fait en double et de bonne foi, à Verviers, le 24 novembre 1953

C.H. Dewisme

L'aventure a commencé quelque temps plus tôt, à la fin du mois de juin 1953 très exactement. Charles-Henri Dewisme reçoit alors un coup de fil de l'un de ses amis, Bernard Heuvelmans, qu'il a connu pendant la guerre. Ce dernier vient de passer ses vacances sur la Côte d'Azur, à l'île du Levant, au large de Hyères. Il y a fait la connaissance de Jean-Jacques Schellens, le directeur littéraire d'André Gérard & Cie, qui publie les Marabout. Les deux hommes ont tellement sympathisé que Schellens propose à Heuvelmans d'écrire une histoire d'aventures spécialement destinée aux adolescents. Heuvelmans décline poliment son offre. Il est docteur en zoologie, publie des ouvrages très sérieux sur le sujet et ne peut se permettre de mêler des genres aussi différents. Il pense que Charles-Henri possède toutes les qualités pour relever le défi. Dewisme a 35 ans, et même s'il est officiellement journaliste, il a déjà publié plusieurs romans. Même si ces derniers n'ont pas trouvé un large public, l'auteur ne s'est pas découragé pour autant.

Quelques jours plus tard, Dewisme prend rendez-vous à Verviers avec Jean-Jacques Schellens. Celui-ci est séduit par cet homme passionné qui semble avoir déjà vécu mille vies. À titre d'essai, il lui commande un livre sur l'histoire des conquérants de l'Everest depuis 1852. Il n'a pas choisi le sujet au hasard. Le Néo-Zélandais Edmond Hillary et le sherpa Tensing Norgay viennent de vaincre pour la première fois l'Everest, qu'on appelle « le toit du monde ». Vernes achève le manuscrit en moins d'un mois, et le résultat se révèle suffisamment convaincant pour transformer l'essai, et donc écrire le roman en question.

DE ROBERT UJAC À BOB MORANE

En quête d'un sujet, Dewisme découvre un matin un article publié par le National Geographic Magazine. Celui-ci évoque une vallée située au cœur de la Nouvelle-Guinée où vivent des Papous n'ayant jamais aperçu le moindre Blanc jusqu'au jour où, lors de la Seconde Guerre mondiale, un pilote américain, le major Grimes, survole par hasard la vallée en question.

Henri Vernes imagine alors des aviateurs américains, perdus dans cette jungle. Un homme part accidentellement à leur recherche. Il a un visage osseux énergique, des yeux gris et les cheveux coupés en brosse. Ce sera le héros de l'histoire. Il le baptise Robert Ujac, avant de changer d'avis. Il trouve que « Morane » sonnera mieux. De plus, ce nom symbolise parfaitement le courage du héros : c'est ainsi que l'on appelle en Afrique le guerrier Masaï qui a tué son premier lion. Enfin, la mode étant aux prénoms anglo-saxons, Robert devient « Bob ».

> « UN BEAU JOUR, QUELQU'UN M'A DEMANDÉ : " EST-CE QUE CELA VOUS INTÉRESSERAIT DE FAIRE DES BD ? " JE NE POUVAIS PAS REFUSER ! »
> **HENRI VERNES**

↓ L'une des quatre illustrations d'Attanasio dans un roman de Bob Morane : *Les Monstres de l'espace*, paru en 1956, qui est le 18e « Marabout junior ».

↙ L'ancêtre des teasers : l'annonce de la prépublication prochaine d'une nouvelle aventure de Bob Morane dans *Femmes d'Aujourd'hui*.

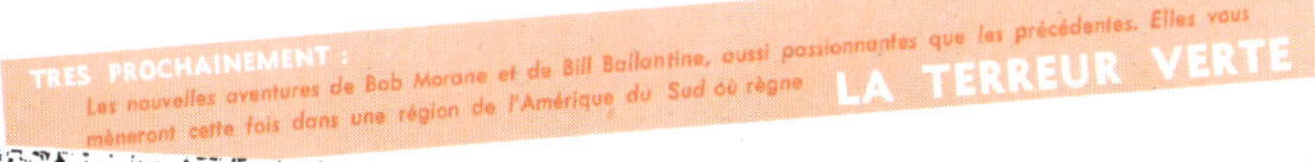
TRES PROCHAINEMENT :
Les nouvelles aventures de Bob Morane et de Bill Ballantine, aussi passionnantes que les précédentes. Elles vous mèneront cette fois dans une région de l'Amérique du Sud où règne LA TERREUR VERTE

A partir de la semaine prochaine
Une nouvelle aventure inédite de
BOB MORANE
LE SECRET DE L'ANTARCTIQUE
Une exclusivité « Femmes d'Aujourd'hui » dont la reproduction est strictement interdite.

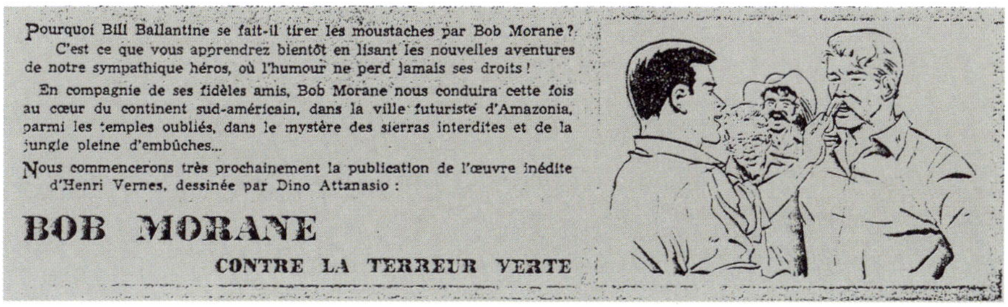
Pourquoi Bill Ballantine se fait-il tirer les moustaches par Bob Morane ?
C'est ce que vous apprendrez bientôt en lisant les nouvelles aventures de notre sympathique héros, où l'humour ne perd jamais ses droits !
En compagnie de ses fidèles amis, Bob Morane nous conduira cette fois au cœur du continent sud-américain, dans la ville futuriste d'Amazonia, parmi les temples oubliés, dans le mystère des sierras interdites et de la jungle pleine d'embûches...
Nous commencerons très prochainement la publication de l'œuvre inédite d'Henri Vernes, dessinée par Dino Attanasio :
BOB MORANE
CONTRE LA TERREUR VERTE

La Galère Engloutie, 1954.

→ Un hebdomadaire qui, dès le début des années 1960, publie Bob Morane en BD : Bayard.

→ Quand Henri Vernes signait sous son véritable patronyme. Le premier roman, en 1944 : *Une Porte ouverte*… vers le succès.

↘ Dino Attanasio : illustrateur des romans, puis des 5 premières BD.

Le contrat, signé le 24 novembre 1953, précise que l'auteur recevra un minimum garanti de 10 000 francs belges et des droits en cas de réédition. Dewisme, devenu Henri Vernes, signe sans imaginer un seul instant qu'il s'agit là du premier tome d'une très longue série.

« LES MAMELLES DE L'AVENTURE MORANIENNE SONT DES INFORMATIONS SCIENTIFIQUES SUR LA CRYPTOZOOLOGIE, LES CIVILISATIONS PRIMITIVES ET LA TECHNIQUE AÉRONAUTIQUE. POUR LA PREMIÈRE FOIS, HENRI VERNES EXPLOITE L'ENSEMBLE DE CES THÉMATIQUES DANS *L'OISEAU DE FEU*. »

MICHEL ELOY

Quelques jours seulement après la sortie de *La Vallée infernale*, l'éditeur lui commande la deuxième aventure de Bob Morane. *La Galère engloutie*, envoyée de Martinique, sort en librairie moins de trois mois plus tard. Désormais, au rythme d'une nouveauté toutes les huit semaines, Henri Vernès définitivement devenu Henri Vernes, va imaginer plus de deux cents histoires devenues des classiques. Il n'avouera qu'un seul regret : ne jamais avoir trouvé le temps d'écrire, sous son vrai nom, tous les livres qui lui tenaient à cœur.

PREMIÈRES BULLES

Dès les prémices du succès de la série, la direction du magazine belge *Femmes d'Aujourd'hui* propose de publier les aventures de Bob Morane sous forme d'un feuilleton de bande dessinée. Des discussions interminables s'engagent sur la forme du projet. En un temps où, pour certains décideurs, un long texte sous un dessin est encore une référence, l'idée d'une histoire où les bulles seraient intégrées aux cases est très controversée. En attendant que tout le monde se mette d'accord, Vernes écrit pour l'hebdomadaire deux histoires sans le moindre phylactère, *À l'assaut de l'Everest*, en 1955, et l'année suivante, *Fawcett, le naufragé de la forêt vierge*. Les illustrations sont confiées à Dino Attanasio. Ce dernier a réalisé la couverture des *Conquérants de l'Everest* et signe régulièrement quatre illustrations dans les romans de *Bob Morane*, dont Pierre Joubert assure le dessin de couverture.

↑ *Fawcett, le naufragé de la forêt vierge.*

Les mentalités évoluant petit à petit, six ans plus tard, on commande enfin à Henri Vernes une aventure inédite de Bob Morane en une soixantaine de planches où les bulles seront intégrées aux cases. Dino Attanasio en devient tout naturellement l'illustrateur.

↑ L'hebdomadaire qui, à partir de 1959, est le premier à publier Bob Morane en BD : *Femmes d'Aujourd'hui*.

Le 14 mai 1959, *L'Oiseau de feu* débute dans l'hebdomadaire *Femmes d'Aujourd'hui*. Les planches sont reprises quelques mois plus tard dans *Bayard*, avant une sortie en album qui marque l'apparition des Éditions Marabout au rayon BD des librairies.

Dans cette histoire, Bob Morane et Bill Ballantine, son fidèle complice, affrontent Dimitri Tchou, un homme d'affaires qui travaille à Singapour et dont l'honorabilité ne fait apparemment aucun doute. Il s'avère en fait être le pirate le plus sanguinaire des mers de Chine. Il s'est emparé du prototype d'un avion susceptible de lui permettre de dominer le monde. L'action se déroule en partie au cœur de l'Insulinde, un archipel de l'Asie du Sud-Est, cher à l'auteur. Il le connaît bien et y a situé plusieurs de ses romans, à commencer par *La Vallée infernale*.

Dino Attanasio va dessiner quatre autres épisodes, dont l'éditeur sera également Marabout. Ils figurent dans ce volume et dans le suivant. Le début de ce qui deviendra la véritable intégrale *Bob Morane* en bande dessinée.

→ La première planche de Bob Morane, publiée le 14 mai 1959 dans le numéro 733 de *Femmes d'Aujourd'hui*.

↙ Après *L'Oiseau de Feu* de Stravinsky, voici celui de Henri Vernes. Publiées par Marabout, les premières éditions sont devenues des trésors pour les collectionneurs.

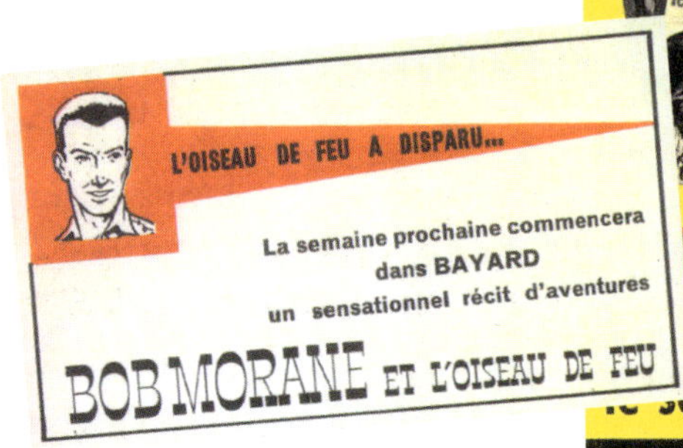

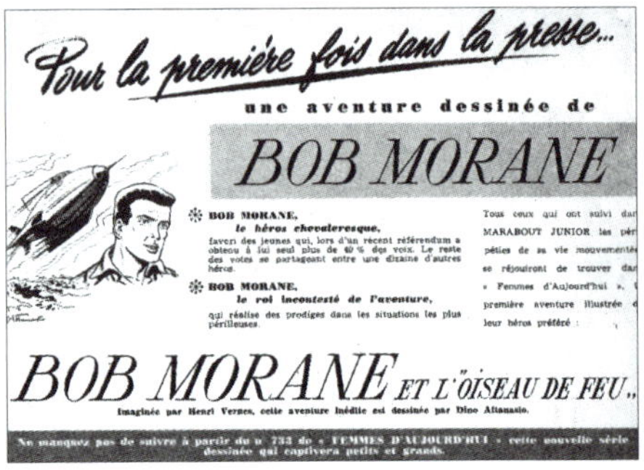

BOB MORANE ET L'OISEAU DE FEU

marabout
LES AVENTURES DE BOB MORANE
BOB
MORANE
et les tours
de cristal
HENRI VERNES
Dino ATTANASIO

HENRI VERNES
AVANT BOB MORANE

↑ Henri Vernes au début des années 1960 : des milliers de pages vendues à des centaines de milliers d'exemplaires.

← *Les Tours de Cristal, 1962.*

Charles-Henri Dewisme est né le 16 octobre 1918 à Ath, en Belgique. Il passe ses jeunes années à Tournai. Il lit les romans d'aventure de Louis – Henri Boussenard, un écrivain français du XIXe siècle, ainsi que celles de Buffalo Bill et Nick Carter. Il rêve de grands voyages, de paysages lointains. Au lendemain de ses 18 printemps, il se rend à Anvers puis à Marseille, où, au port, il embarque à bord du *Rousselle*, direction la Chine. C'est le point de départ d'une aventure qu'il ne racontera pas dans un épisode de *Bob Morane*. Elle est en effet exclusivement amoureuse. Il suit Madame Lou, de 17 ans son aînée, avec laquelle il va vivre à Canton, via la rivière des Perles, des moments suffisamment inoubliables pour qu'elle se retrouve dans ses histoires sous les traits d'Ylang-Ylang. Il se rend ensuite à Shanghai. Il s'imprègne en même temps de paysages et de parfums qui deviendront pour la plupart les toiles de fond de ses romans.

DES CONTES POUR LE JOURNAL *TINTIN*

Les Japonais menaçant d'attaquer Shanghai, le futur Henri Vernes revient en Belgique où il termine ses études avant d'être mobilisé à la veille de la déclaration de guerre. Il est libéré en juin 1940, juste après l'armistice. Il va continuer le combat, mais discrètement, en devenant agent des services de renseignement. En 1942, il écrit un roman policier qu'il considère, une fois terminé comme « *un apprentissage du métier d'écrivain* ». Hélas, ce manuscrit n'a jamais été publié, et il est aujourd'hui perdu. Il s'attèle ensuite à la rédaction de *La Porte ouverte*, qui sera publié en 1944. Jusqu'au début des années 1950, il signe également : *La Véritable histoire de Will Williamson*, sous le pseudonyme de Cal.W. Bogar, *Contes sensibles et funambulesques*, *La Belle nuit pour un homme mort*, et *Le Goût du malheur*.

Au lendemain de la guerre, il devient journaliste à Paris, où il travaille pour une agence de presse américaine et deux journaux lillois. Il signe de nombreux articles, ainsi que des contes pour de nombreuses publications belges et françaises, parmi lesquelles un hebdomadaire naissant, destiné à la jeunesse : le journal *Tintin*… En ignorant que plus tard, quelques-unes des aventures de *Bob Morane* adaptées en BD y seront publiées.

« HENRI VERNES S'EST NOURRI AU LAIT DES MAÎTRES DE L'AVENTURE. DOTÉ D'UNE IMAGINATION DÉLIRANTE, ORFÈVRE DES AMBIANCES ET EXPLORATEUR DU PASSÉ, IL EST L'HOMME DE LA SITUATION. »
JACQUES DIEU

LA COLLECTION MARABOUT

← Henri Vernes juste avant Bob Morane. La première couverture où figure un pseudonyme qui va devenir célèbre.

→ Le crayonné d'une planche de Bob Morane, par Dino Attanasio.

Au lendemain de la guerre, l'Europe découvre une forme d'édition venue d'Angleterre et d'outre-Atlantique que les Américains appellent le « Pocket book ». Au départ, les éditeurs français sont méfiants. Pour eux, le livre est un produit noble dont le lecteur doit être capable de payer le prix. À Verviers, un jeune imprimeur, André Gérard, pense exactement le contraire. C'est ainsi qu'il lance des ouvrages novateurs et originaux, y compris dans les couvertures au vernis soigné. Se souvenant de son totem, au temps où il était scout, il donne à son entreprise le nom de « Marabout ». Il crée entre autres « Marabout junior », dont les histoires sont spécialement destinées au jeune public et vendues à des prix abordables. De 1953 à 1977, « Marabout Junior » puis « Pocket Marabout » vont publier les 142 premières aventures de Bob Morane, un héros qui a déjà touché plusieurs générations de lecteurs. Une aventure de plus de six décennies, qui se poursuit toujours aujourd'hui.

→ Le trio vedette des premières aventures de Bob Morane : avec le "commandant", Bill Ballantine, fidèle complice et le professeur Clairembart, dont la disparition est au cœur de *L'Oiseau de feu*.

Remerciements

À Henri Vernes,
Claude Lefrancq,
Dino Attanasio.

Bibliographie

Henri Vernes, l'album
JACQUES DIEU,
ÉDITIONS L'ÂGE D'OR

Reflets, le magazine du Club Bob Morane

Dino Attanasio, 60 ans de BD,
D. COULON, A. DE KUYSSCHE,
MIKLO

« BOB MORANE EST L'AGENT PARFAIT DES CAUSES PERDUES. IL EST LE HÉROS À QUI L'ON S'IDENTIFIE IMMÉDIATEMENT, À QUI L'ON VOUDRAIT RESSEMBLER, QUE L'ON VOUDRAIT ÊTRE. » RENÉ FONTAINE

TRÈS BIEN, ÇA MARCHE ! IL FAUT MAINTENANT CORRIGER VOTRE ALTITUDE, VOUS ÊTES TROP BAS, LES FALAISES SONT DEVANT NOUS !... TIREZ LE MANCHE VERS VOUS !...
MY GOD, HELP-ME !...
BRAVO !.. VOUS VOUS EN TIREZ TRÈS BIEN ! MON ÉQUIPIER VA PASSER DEVANT VOUS ! SUIVEZ-LE FIDELMENT !
ON VA VIRER DE BORD POUR S'ALLIGNER SUR LA PISTE ÇA IRA ?
JE.. JE CROIS OUI !...
JE SUIS BLESSÉ, JE PERDS BEAUCOUP DE SANG, JE NE SAIS PAS SI J'AURAI LA FORCE...
COURAGE ! ON VA DESCENDRE À PRESENT ! POUSSEZ LE MANCHE DOUCEMENT SUIVEZ MON ÉQUIPIER !
LE VOILÀ !
IL VA TENTER D'ATTERRIR ! TENEZ-VOUS PRÊTS
TRAIN D'ATTERRISSAGE SORTI !
COUPEZ LES MOTEURS ! RESTEZ EN LIGNE DANS L'AXE DE LA PISTE GOOD LUCK !

bob morane

et L'OISEAU DE FEU

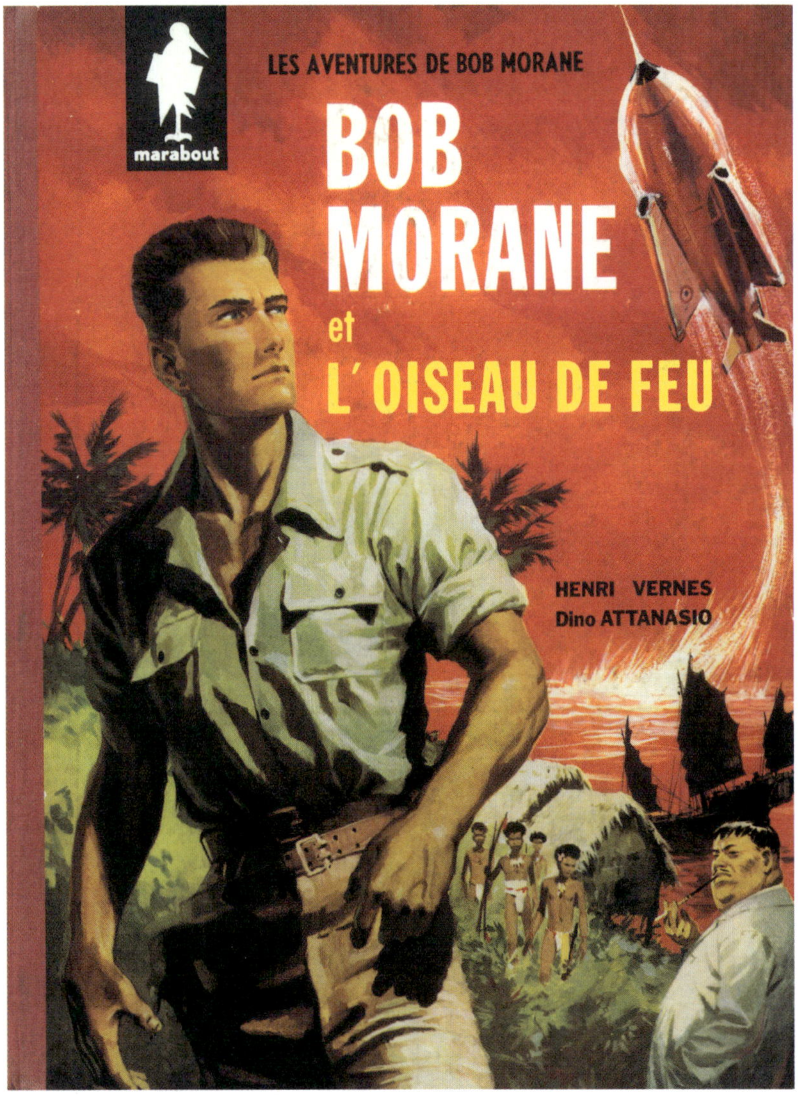

Prépublication dans *Femmes d'Aujourd'hui* en 1959.
Première édition Marabout en 1960 (60 planches).

POUR SE REPOSER DE LEURS MULTIPLES ET PÉRILLEUSES AVENTURES, BOB MORANE ET BILL BALLANTINE SONT PARTIS EN CROISIÈRE. LEUR VOILIER VOGUE DANS LES PARAGES DE LA NOUVELLE-GUINÉE.
BIEN VITE QUE NOUS TOUCHIONS TERRE, COMMANDANT. JE COMMENCE À ÊTRE DÉGOÛTÉ DU POISSON...
D'ABORD, BILL, CESSE DE M'APPELER COMMANDANT. JE NE COMMANDE PLUS RIEN DU TOUT ET...
SOUDAIN...
ÇA, PAR EXEMPLE! VOUS PARLEZ D'UN BAIN FORCÉ!
QU'EST-CE QUI NOUS A JOUÉ CE TOUR, COMMANDANT? UNE BALEINE OU LE SERPENT DE MER?
UNE BALEINE? SI TU EN AS DÉJÀ VU UNE EN TRAIN DE VOLER...
POUR UN COUCOU, C'EST UN DRÔLE DE COUCOU.
TU L'AS DIT, BILL, C'EST UN DRÔLE DE COUCOU. MAIS NOUS AVONS DE LA VISITE. OU JE ME TROMPE FORT, OU VOILÀ LES ENNUIS QUI RECOMMENCENT!

!?
HAUT LES MAINS!
QUI ÊTES-VOUS ET QUE FAITES-VOUS ICI?
MON NOM EST ROBERT MORANE. NOUS SOMMES DE SIMPLES TOURISTES, SIR, ET...
DES TOURISTES, HEIN? LES ESPIONS DISENT TOUJOURS ÊTRE DES TOURISTES!... EMMENEZ-LES! ILS S'EXPLIQUERONT À LA BASE...
DES ESPIONS! FAUDRAIT VOIR... JE SUIS SUJET BRITANNIQUE ET JE N'AIME PAS QU'ON ME DONNE DES NOMS D'OISEAUX...
UNE DEMI-HEURE PLUS TARD...
NOUS VOULONS ÊTRE CONDUITS IMMÉDIATEMENT DEVANT VOTRE CHEF! VOUS M'ENTENDEZ... IMMÉDIATEMENT!...
MON CHEF! VOUS LE VERREZ, SOYEZ-EN CERTAINS. CE SERA SANS DOUTE LUI QUI COMMANDERA LE PELOTON D'EXÉCUTION... AH! AH! AH!

PAS À DIRE COMMANDANT, MAIS NOUS NOUS SOMMES FOURRÉS UNE FOIS ENCORE DANS UN JOLI PÉTRIN !... CET OFFICIER DE MALHEUR A PARLÉ DE PELOTON D'EXÉCUTION, PAS MOINS !...
ON NE FUSILLE PAS LES GENS COMME ÇA, BILL. NOUS NE SOMMES PAS EN TEMPS DE GUERRE. RASSURE-TOI, NOUS N'AVONS RIEN À NOUS REPROCHER, ET TOUT FINIRA BIEN PAR S'ARRANGER. MAIS... SILENCE, ON VIENT !!!
ALLONS DEBOUT ! VOUS VOULIEZ VOIR NOTRE CHEF, EH BIEN, VOUS ALLEZ LE VOIR... POUR VOTRE MALHEUR !
VOUS ALLEZ ÊTRE INTRODUITS AUPRÈS DU MAJOR... ET SURTOUT, N'OUBLIEZ PAS QU'AU MOINDRE GESTE SUSPECT VOUS SEREZ ABATTUS SANS PITIÉ !...
FAITES ENTRER CES GIBIERS DE POTENCE, LIEUTENANT !!! ET TENEZ-LES À L'ŒIL...
MESSIEURS, VOTRE CAS EST GRAVE. VOUS VOUS ÊTES INTRODUITS DANS UNE BASE SECRÈTE...
SI VOUS NOUS LAISSIEZ LE TEMPS DE NOUS EXPLIQUER ! JE M'APPELLE BOB MORANE ET VOICI MON AMI BILL BALLANTINE...
LE COMMANDANT MORANE ET BILL BALLANTINE ? ALORS VOUS SEREZ CERTAINEMENT FUSILLÉS !...

LE MAJOR BRIGGS !!...
ÇA PAR EXEMPLE !!! POUR UNE SURPRISE...
SI NOUS NOUS ATTENDIONS À VOUS, MAJOR ! MAIS QUE FAITES-VOUS DANS CE COIN PERDU ?
J'AI TOUT SIMPLEMENT ÉTÉ NOMMÉ AU COMMANDEMENT DE CETTE BASE D'ESSAIS. J'AURAIS PRÉFÉRÉ DEMEURER À ADEN.
MAIS DÉTACHEZ CES HOMMES, CE SONT DES AMIS ET JE RÉPONDS D'EUX...
POUR UNE BONNE SURPRISE, C'EST UNE BONNE SURPRISE !!! ET MOI QUI ME CROYAIS SUR LE POINT D'ÊTRE FUSILLÉ !
QUAND J'AI SU QUE LES "ESPIONS" C'ÉTAIENT VOUS, J'AI FAIT MONTER UNE PETITE MISE EN SCÈNE, POUR VOUS EFFRAYER. CAR VOUS AVEZ SANS LE SAVOIR VIOLÉ UNE BASE ULTRASECRÈTE...
NOUS AVONS COMPRIS QU'IL SE PASSAIT QUELQUE CHOSE D'ANORMAL QUAND NOUS AVONS VU CET APPAREIL EXTRAORDINAIRE SORTIR DES FLOTS.
UN APPAREIL EXTRAORDINAIRE, L'"OISEAU DE FEU" ! LE MOT N'EST PAS ASSEZ FORT. MAIS PEUT-ÊTRE AIMERIEZ-VOUS LE VOIR DE PLUS PRÈS. JE SAIS POUVOIR VOUS FAIRE CONFIANCE. SI VOUS VOULEZ ME SUIVRE...
QUELQUES SECONDES PLUS TARD...
BIENTÔT MES AMIS, VOUS ALLEZ VOIR CE QUE PERSONNE, À PART LE PERSONNEL DE CETTE BASE, N'A JAMAIS CONTEMPLÉ ! L'OISEAU DE FEU DANS SON REPAIRE !

VOUS ALLEZ COMPRENDRE MAINTENANT POURQUOI NOUS NOUS ENTOURONS DE TOUT CE MYSTÈRE.
QUEL COUCOU!
BILL A RAISON! CELA ME PARAÎT ÊTRE UN ENGIN EXTRAORDINAIRE. POURRIEZ-VOUS DONNER QUELQUES DÉTAILS, OU EST-CE ABSOLUMENT TOP SECRET?
C'EST ABSOLUMENT TOP SECRET. SAUF POUR VOUS... JE SAIS POUVOIR VOUS FAIRE CONFIANCE ET QUE VOUS NE RÉPÉTEREZ PAS MES PAROLES.
CET APPAREIL EST LE DERNIER-NÉ DE LA TECHNIQUE BRITANNIQUE... UN ENGIN TERRE-AIR-EAU; À LA FOIS AVION ET SOUS-MARIN...
DEUX RÉACTEURS ATOMIQUES. VITESSE, 4000 KM HEURE. ARMEMENT ATOMIQUE ÉGALEMENT... MAIS SANS DOUTE AIMERIEZ-VOUS EN VISITER L'INTÉRIEUR...?
SI ON AIMERAIT, MAJOR? BILL ET MOI EN BRÛLONS D'ENVIE!
JE VAIS VOUS PRÉSENTER LE CAPITAINE CRAWFORD QUI PROCÈDE AUX ESSAIS...
CAPITAINE CRAWFORD, LAISSEZ-MOI VOUS PRÉSENTER LE COMMANDANT MORANE ET SON AMI BILL BALLANTINE.
LE CÉLÈBRE COMMANDANT MORANE? RAVI DE VOUS CONNAÎTRE...
J'ALLAIS JUSTEMENT PROCÉDER À UN NOUVEL ESSAI, MAJOR BRIGGS. LE COMMANDANT MORANE ET SON AMI DÉSIRENT-ILS Y PRENDRE PART?
VOYONS, CRAWFORD, AUTANT DEMANDER À DES AIGLES S'ILS VEULENT VOLER...!

PLUS TARD...
IL SUFFIT D'ABAISSER CETTE MANETTE POUR METTRE EN MARCHE LES RÉACTEURS ATOMIQUES ET, EN MÊME TEMPS, COMMANDER LE DÉPART.
FB-1
VOUS ALLEZ VOIR À PRÉSENT QUE LE "FIRE BIRD" SE CONDUIT AUSSI PARFAITEMENT SOUS L'EAU QUE DANS LES AIRS.
VOUS EST-IL POSSIBLE DE VOUS POSER SUR LE FOND SOUS-MARIN?
BIEN ENTENDU. TOUT A ÉTÉ PRÉVU. JE VAIS VOUS MONTRER...
TIENS, NOUS AVONS DE LA VISITE!
UN CACHALOT, IL NOUS ATTAQUE!!!

EN VOICI D'AUTRES!
JE CROIS QUE CETTE FOIS NOUS COURONS UN RÉEL DANGER S'ILS ATTAQUENT ENSEMBLE!...
NOUS AVONS DE QUOI EMPÊCHER CES MONSTRES DE NOUS NUIRE. BIEN SÛR NOUS POURRIONS FAIRE USAGE DE NOS ARMES ATOMIQUES MAIS CE SERAIT LÀ COMMETTRE DES MEURTRES INUTILES.
JE POUSSE SUR CE BOUTON ET TOUT DANGER SERA BIENTÔT ÉCARTÉ...
QUE S'EST-IL PASSÉ? C'ÉTAIT UN PEU COMME SI LE CACHALOT S'ÉTAIT HEURTÉ À UN MUR INVISIBLE!
IL S'AGIT D'UN CHAMP DE FORCE MAGNÉTIQUE, TOUT SIMPLEMENT. MAIS LA PLAISANTERIE A ASSEZ DURÉ, REGAGNONS LA SURFACE À PRÉSENT...
VRAIMENT, MAJOR BRIGGS, JE SUIS ÉMERVEILLÉ. VOTRE "OISEAU DE FEU", ÉQUIPÉ COMME IL EST, DOIT ÊTRE PRATIQUEMENT INVULNÉRABLE!
VOUS EN JUGEREZ DEMAIN, BOB, QUAND, DE LA BASE, VOUS ASSISTEREZ À L'ESSAI DES ARMES ATOMIQUES...
Attanasio

LE LENDEMAIN, EN COMPAGNIE DU MAJOR BRIGGS, MORANE ET BALLANTINE ASSISTENT AU NOUVEL ESSAI DE L'OISEAU DE FEU.
VOICI UNE VIEILLE UNITÉ DE LA NAVY, QUI VA SERVIR DE CIBLE À NOTRE OISEAU.
HIER, J'ÉTAIS ÉMERVEILLÉ, MAJOR BRIGGS, AUJOURD'HUI, JE SUIS ÉPOUVANTÉ. SI JAMAIS UNE ARME AUSSI REDOUTABLE QUE "L'OISEAU DE FEU" TOMBAIT EN DE MAUVAISES MAINS...
SOYEZ SANS CRAINTE, BOB, LE SECRET EST BIEN GARDÉ. AU LIEU D'ÊTRE UN ENGIN DE GUERRE, LE "FIRE-BIRD" AIDERA NOTRE PAYS À MAINTENIR LA PAIX.
ALLONS, CET ULTIME ESSAI A ÉTÉ CONCLUANT. IL NE NOUS RESTE PLUS MAINTENANT QU'À ATTENDRE QUE NOTRE AIGLE REGAGNE SON AIRE.
MAIS UNE DEMI-HEURE S'ÉCOULE SANS QUE "L'OISEAU DE FEU" NE REPARAISSE...
LE "FIRE BIRD" DEVRAIT ÊTRE REMONTÉ MAINTENANT, IL DOIT LUI ÊTRE ARRIVÉ QUELQUE CHOSE! UNE AVARIE, JE NE SAIS... IL NOUS FAUT ALLER NOUS RENDRE COMPTE!
PRÉPAREZ LES ÉQUIPES DE SECOURS SOUS-MARINES! NOUS ALLONS À LA RECHERCHE DE L'"OISEAU DE FEU".

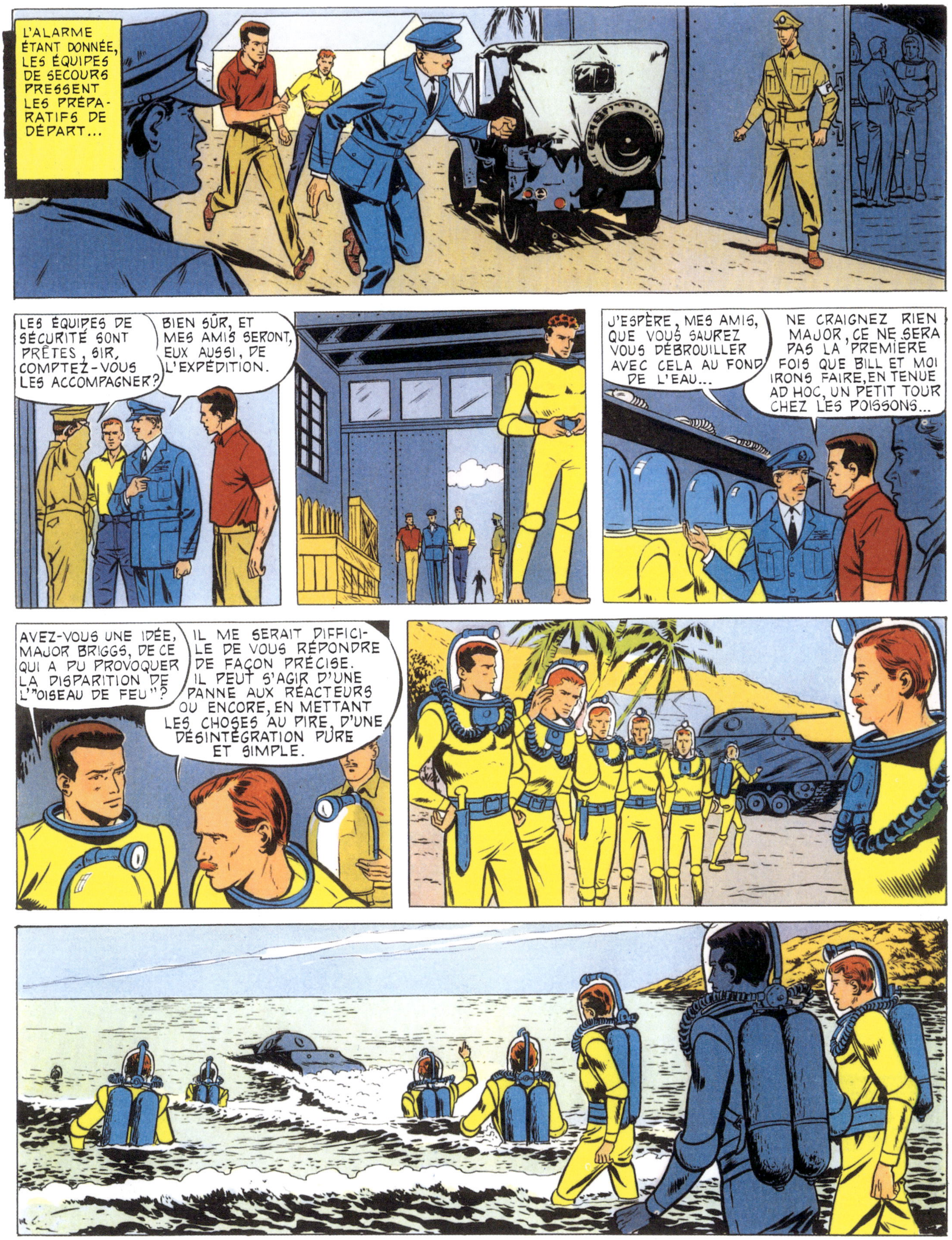
L'ALARME ÉTANT DONNÉE, LES ÉQUIPES DE SECOURS PRESSENT LES PRÉPARATIFS DE DÉPART...
LES ÉQUIPES DE SÉCURITÉ SONT PRÊTES, SIR, COMPTEZ-VOUS LES ACCOMPAGNER?
BIEN SÛR, ET MES AMIS SERONT, EUX AUSSI, DE L'EXPÉDITION.
J'ESPÈRE, MES AMIS, QUE VOUS SAUREZ VOUS DÉBROUILLER AVEC CELA AU FOND DE L'EAU...
NE CRAIGNEZ RIEN MAJOR, CE NE SERA PAS LA PREMIÈRE FOIS QUE BILL ET MOI IRONS FAIRE, EN TENUE AD HOC, UN PETIT TOUR CHEZ LES POISSONS...
AVEZ-VOUS UNE IDÉE, MAJOR BRIGGS, DE CE QUI A PU PROVOQUER LA DISPARITION DE L'"OISEAU DE FEU"?
IL ME SERAIT DIFFICILE DE VOUS RÉPONDRE DE FAÇON PRÉCISE. IL PEUT S'AGIR D'UNE PANNE AUX RÉACTEURS OU ENCORE, EN METTANT LES CHOSES AU PIRE, D'UNE DÉSINTÉGRATION PURE ET SIMPLE.

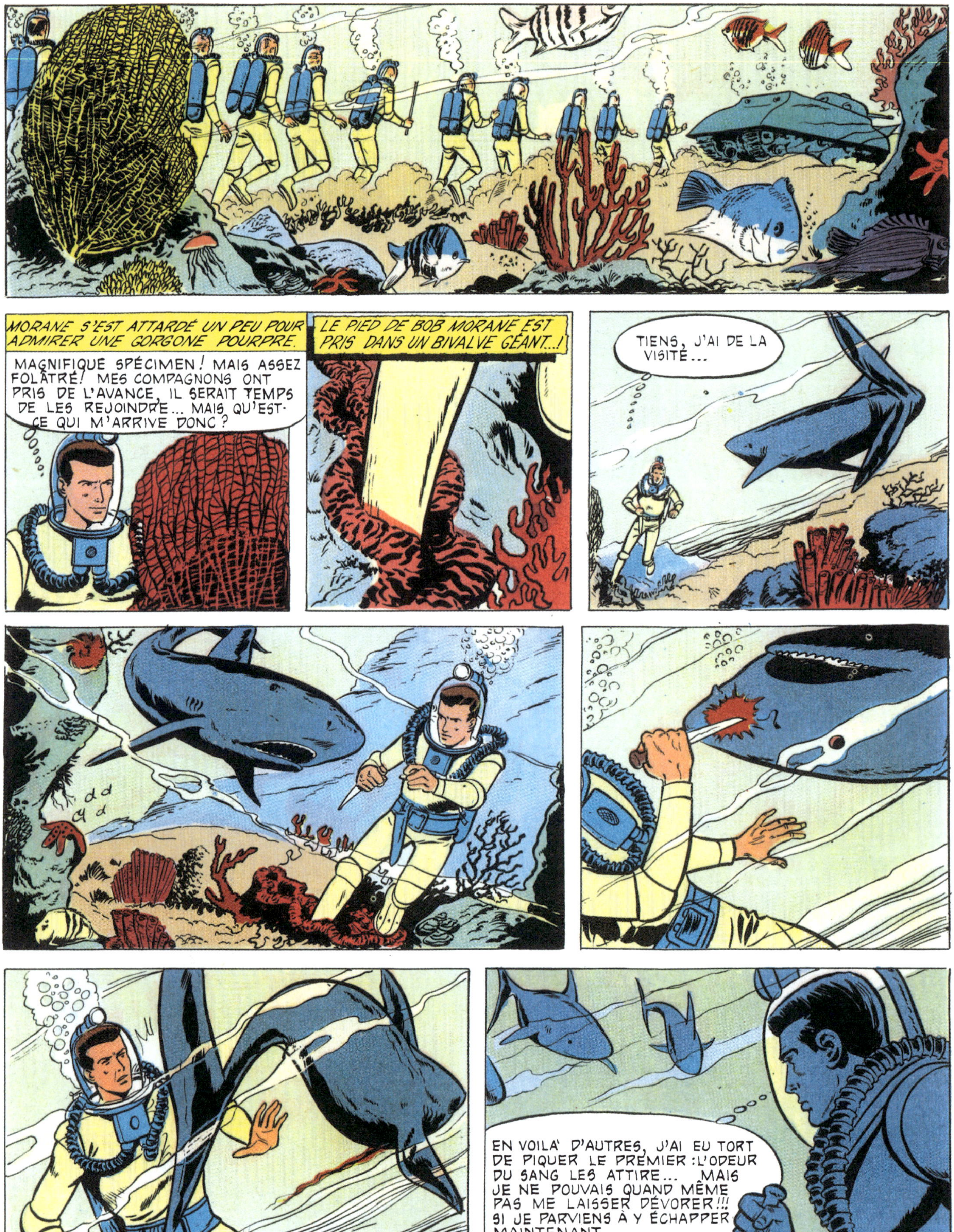
MORANE S'EST ATTARDÉ UN PEU POUR ADMIRER UNE GORGONE POURPRE.
MAGNIFIQUE SPÉCIMEN ! MAIS ASSEZ FOLÂTRÉ ! MES COMPAGNONS ONT PRIS DE L'AVANCE, IL SERAIT TEMPS DE LES REJOINDRE... MAIS QU'EST-CE QUI M'ARRIVE DONC ?
LE PIED DE BOB MORANE EST PRIS DANS UN BIVALVE GÉANT...!
TIENS, J'AI DE LA VISITE...
EN VOILA' D'AUTRES, J'AI EU TORT DE PIQUER LE PREMIER : L'ODEUR DU SANG LES ATTIRE... MAIS JE NE POUVAIS QUAND MÊME PAS ME LAISSER DÉVORER !!! SI JE PARVIENS À Y ÉCHAPPER MAINTENANT...

!
?!
LES RECHERCHES REPRENNENT...
POURTANT ELLES S'AVÈRENT INUTILES ET, DEUX HEURES PLUS TARD, L'EXPÉDITION REGAGNE LA BASE SANS AVOIR DÉCOUVERT LA MOINDRE TRACE DE L'"OISEAU DE FEU".
CETTE DISPARITION TOTALE EST BIEN MYSTÉRIEUSE, N'EST-CE PAS, MAJOR BRIGGS ? EN CAS D'ACCIDENT NOUS AURIONS AU MOINS DÉCOUVERT L'ÉPAVE...
JE VOUS AI DÉJÀ DIT QUE, À LA SUITE D'UNE AVARIE DE MOTEUR ATOMIQUE, L'APPAREIL POUVAIT S'ÊTRE DÉSINTÉGRÉ, CE QUI EXPLIQUERAIT JUSTEMENT CETTE DISPARITION.
L'"OISEAU DE FEU" PARAISSAIT PARFAITEMENT AU POINT POURTANT. VOUS NE M'ENLÈVEREZ PAS DE L'IDÉE, MAJOR BRIGGS, QU'IL Y A QUELQUE CHOSE DE LOUCHE.
QUOI QU'IL EN SOIT, MES AMIS, JE VOUS DEMANDE DE NE JAMAIS SOUFFLER MOT À QUICONQUE DES ÉVÉNEMENTS DONT VOUS AVEZ ÉTÉ TÉMOINS..
SOYEZ-EN CERTAIN, MAJOR. DEMAIN NOUS REPRENDRONS NOTRE ROUTE EN DIRECTION DE SINGAPOUR OÙ NOUS ATTEND NOTRE VIEIL AMI LE PROFESSEUR CLAIREMBART. EN QUITTANT CES PARAGES NOUS NOUS ARRANGERONS POUR PERDRE EN MÊME TEMPS LA MÉMOIRE...

TROIS SEMAINES PLUS TARD. SINGAPOUR...
NOUS VOICI PARVENUS À DESTINATION, BILL. BIENTÔT NOUS ALLONS POUVOIR FOULER À NOUVEAU CE BON VIEUX PLANCHER DES VACHES...
VOUS M'EN VOYEZ RAVI, COMMANDANT. JE COMMENÇAIS À ME ROUILLER...
J'ESPÈRE QUE LE PROFESSEUR CLAIREMBART NOUS AURA ATTENDUS. NOUS SOMMES VENUS PAR LE CHEMIN DES ÉCOLIERS...
NOUS SERONS BIENTÔT FIXÉS. D'ICI UNE HEURE, NOUS SERONS À L'HÔTEL "PACIFIC" OÙ EST DESCENDU NOTRE AMI...
AYANT PRIS SOIN DE LEUR BATEAU, MORANE ET BALLANTINE QUITTENT LE PORT.
CE QUAI N'EN FINIT PLUS, COMMANDANT. J'ESPÈRE QUE NOUS N'ALLONS PAS ÊTRE CONDAMNÉS À Y ERRER JUSQU'À LA FIN DES...
?!
POURQUOI NE TE RELÈVES-TU PAS, BILL? RIEN DE CASSÉ AU MOINS ?...
NON, RIEN DE CASSÉ, COMMANDANT, C'EST CE JOURNAL. J'AI L'IMPRESSION QU'ON Y PARLE DE NOTRE "OISEAU DE FEU"!

"LES ÉCUMEURS DU PACIFIQUE FONT À NOUVEAU PARLER D'EUX". JE NE VOIS PAS TRÈS BIEN CE QUE CELA A À VOIR AVEC "L'OISEAU DE FEU".
CONTINUEZ À LIRE, COMMANDANT...
LES ÉCUMEURS DU PACIFIQUE ONT ATTAQUÉ VOILÀ DEUX JOURS LE PAQUEBOT "TULLIA" ET L'ONT PILLÉ. IL SEMBLE TOUTEFOIS QU'ILS AIENT CHANGÉ LEURS MÉTHODES D'ATTAQUE. JUSQU'À CE JOUR ILS USAIENT D'UN SOUS-MARIN ET DE JONQUES...
...CETTE FOIS, ILS SE SONT SERVIS D'UN ENGIN INCONNU, À LA FOIS AVION ET SOUS-MARIN, ET QUI SEMBLE MÛ PAR UNE ÉNERGIE NOUVELLE, SANS DOUTE ATOMIQUE...
DES CHASSEURS AUSTRALIENS, AVERTIS PAR RADIO, ONT TENTÉ D'INTERVENIR, MAIS L'APPAREIL MYSTÉRIEUX A FAIT USAGE DE SES ARMES ET DEUX D'ENTRE EUX, ONT ÉTÉ LITTÉRALEMENT DÉSINTÉGRÉS. ON SE PERD EN CONJECTURES SUR L'ORIGINE DE L'ENGIN INCONNU...
TONNERRE, BILL, TU AS RAISON, IL S'AGIT BIEN DE NOTRE "OISEAU DE FEU"...!!
MAIS ALORS, IL NE SE SERAIT PAS DÉSINTÉGRÉ À LA SUITE D'UNE AVARIE ?
IL FAUT LE SUPPOSER, BILL. MAIS TOUT CECI NE NOUS CONCERNE PAS. ALLONS RETROUVER LE PROFESSEUR AVANT QU'IL NE SOIT LASSÉ DE NOUS ATTENDRE...
HEP TAXI !
À L'HÔTEL "PACIFIC" !
TAXI
SUIVONS CE TAXI. LES ORDRES SONT FORMELS À AUCUN MOMENT NOUS NE DEVONS PERDRE CES DEUX HOMMES DE VUE...

APRÈS AVOIR QUITTÉ LE PORT, LE TAXI EMMENANT BOB MORANE ET BALLANTINE, ROULE À TRAVERS LA VILLE, EN DIRECTION DE L'HÔTEL "PACIFIC"
JE ME DEMANDE, COMMANDANT, COMMENT NOUS ALLONS RETROUVER LE PROFESSEUR, SANS DOUTE AURA-T-IL ENCORE RAJEUNI...
NOUS DÉSIRERIONS VOIR LE PROFESSEUR CLAIREMBART.
LE PROFESSEUR CLAIREMBART ? JE CRAINS QUE VOUS NE PUISSIEZ LE RENCONTRER...
QUE VOULEZ-VOUS DIRE PAR : "JE CRAINS QUE VOUS NE PUISSIEZ LE RENCONTRER" ?
JE VEUX DIRE QUE LE PROFESSEUR A DISPARU DE L'HÔTEL, VOILÀ HUIT JOURS, SANS EMPORTER LE MOINDRE DE SES BAGAGES. IL N'A PAS REPARU DEPUIS...
LE PROFESSEUR... DISPARU !...
OUI, MONSIEUR, DISPARU. IL Y A SEULEMENT UN HOMME, UN CHINOIS QUI, LE LENDEMAIN, EST VENU ME CONFIER UNE LETTRE POUR LA REMETTRE À UN CERTAIN COMMANDANT MORANE, QUI DOIT VENIR DEMANDER LE PROFESSEUR..
DONNEZ-MOI CETTE LETTRE ! JE SUIS LE COMMANDANT MORANE !
Commandant Morane
Si vous voulez revoir le professeur Clairembart vivant, rendez-vous, dès la réception de cette lettre, au n° 40, rue du lotus
gent.
Si vous prévenez la police votre ami sera aussitôt exécuté.

ON DIRAIT, COMMANDANT, QUE LE PROFESSEUR A ÉTÉ ENLEVÉ...
CELA M'EN A TOUT L'AIR...
MAIS POURQUOI L'AURAIT-ON ENLEVÉ, POURQUOI ?
LE SEUL MOYEN DE LE SAVOIR, BILL, C'EST DE NOUS RENDRE RUE DU LOTUS D'ARGENT.
JE NE CROIS PAS ME TROMPER, COMMANDANT, MAIS CELA SENT LE TRAQUENARD À PLEIN NEZ !
LA NUIT TOMBÉE...
LA RUE DU LOTUS D'ARGENT ? C'EST DANS LE QUARTIER CHINOIS. UN SALE COIN, DÉSAFFECTÉ DEPUIS LA GUERRE, ET OÙ L'ON RISQUE FORT DE RECEVOIR UN MAUVAIS COUP. BIEN ENTENDU, SI VOUS ÊTES GÉNÉREUX, J'ACCEPTERAI DE VOUS Y CONDUIRE...
NOUS SERONS GÉNÉREUX.
TAXI
CONTINUONS À LES SUIVRE. NOUS VERRONS AINSI SI LE PLAN DU CHEF EST EN VOIE DE RÉUSSITE...
12317
J'AI DE PLUS EN PLUS L'IMPRESSION QUE NOUS ALLONS NOUS JETER DANS LA GUEULE DU LOUP, COMMANDANT. SI AU MOINS NOUS ÉTIONS ARMÉS...
ARMÉS OU NON, BILL, NOUS NE POUVONS QU'ALLER EN VITESSE AU SECOURS DU PROFESSEUR. ET PUIS CESSE DE M'APPELER "COMMANDANT".
VOUS AVEZ RAISON, IL NOUS FAUT TOUT METTRE EN ŒUVRE POUR RETROUVER LE PROFESSEUR ET FAUTE D'ARMES, NOUS AURONS TOUJOURS NOS POINGS POUR NOUS DÉFENDRE ! N'EST-CE-PAS ...COMMANDANT ?
LE CHEF AVAIT RAISON : LE GIBIER MORD À L'APPÂT. ILS SE DIRIGENT EFFECTIVEMENT VERS LA RUE DU LOTUS D'ARGENT...
TAXI

APRÈS AVOIR TRAVERSÉ DES QUARTIERS POPULEUX, LE TAXI S'ENGAGE DANS UN DÉDALE DE RUES DÉSERTES ET SINISTRES, BORDÉES DE MAISONS EN RUINES...
710 N12
VOUS VOILÀ ARRIVÉS. CETTE RUE EST CELLE DU LOTUS D'ARGENT. UN SALE COIN, COMME JE VOUS L'AI DIT...
710 N12
CONDUISEZ-NOUS AU NUMERO 40...
LES NUMÉROS DOIVENT ÊTRE DEPUIS LONGTEMPS EFFACÉS. PLUS PERSONNE N'HABITE ICI ET PUIS LA CHAUSSÉE EST PLEINE DE TROUS. JE NE TIENS PAS À Y DÉMOLIR MON TAXI... ET SURTOUT, N'OUBLIEZ PAS LE POURBOIRE PROMIS!
TAXI
LE TAXI PAYÉ, BOB ET BALLANTINE SE METTENT EN MARCHE DANS LA RUE DU LOTUS D'ARGENT. TOUJOURS SANS SE RENDRE COMPTE QU'ILS SONT SUIVIS...
LE CHAUFFEUR AVAIT RAISON, PAS DE NUMÉROS...
VOILÀ POURTANT CE QUE NOUS CHERCHONS. TU VOIS BILL, QU'IL NE FAUT JAMAIS DÉSESPÉRER... ON DIRAIT MÊME QUE CE NUMÉRO VIENT D'ÊTRE TRACÉ À NOTRE INTENTION...
40
AUCUNE SONNERIE! ANNONÇONS-NOUS COMME NOUS LE POUVONS...
ON NE DAIGNE PAS NOUS RÉPONDRE, EMPLOYONS DONC LES GRANDS MOYENS...
PAS DE COMITÉ D'ACCUEIL. ENTRONS VOIR...
QUELQU'UN LÀ-DEDANS ?
MONTEZ DONC ! VOUS ÊTES ATTENDUS, HONORABLES VISITEURS...

À ENTENDRE CETTE VOIX MYSTÉRIEUSE, BOB MORANE ET BILL SONT DEMEURÉS UN INSTANT INTERDITS, MAIS ILS SE RESSAISISSENT VITE...
ON Y VA, COMMANDANT ?
PUISQU'ON NOUS Y INVITE SI COURTOISEMENT ! ET PUIS, CELA NOUS MÈNERA PEUT-ÊTRE AU PROFESSEUR...
COMMANDANT, CETTE MAISON COMMENCE À ME DONNER FROID DANS LE DOS ET, S'IL NE S'AGISSAIT PAS DU PROFESSEUR CLAIREMBART, JE FILERAIS SANS DEMANDER MON RESTE...
NE TE FAIS PAS PLUS POLTRON QUE TU L'ES, BILL ! CONTINUONS, NOUS VERRONS BIEN OÙ CELA NOUS MÈNERA !
AVANCEZ DE CE CÔTÉ, MESSIEURS.
MAINTENANT PRENEZ À GAUCHE LE LONG DE CETTE CORNICHE...
ENCORE UN PEU DE PERSÉVÉRANCE, ET VOUS SEREZ BIENTÔT AU BOUT DE VOS PEINES...
COMMANDANT MORANE, VOICI UNE LETTRE QUI VOUS EST ADRESSÉE ET QUI VOUS CONVAINCRA QUE VOTRE AMI, LE PROFESSEUR CLAIREMBART, EST BIEN EN MON POUVOIR...
Commandant Morane
C'EST L'ÉCRITURE DU PROFESSEUR !

Bob, les forbans, entre les mains desquels je suis tombé, me forcent à vous écrire, sans doute pour se livrer à quelque odieux chantage. Ne vous laissez pas faire
CE DIABLE DE PROFESSEUR CLAIREMBART! TOUJOURS AUSSI CORIACE! JE M'ÉTONNE MÊME QU'ON LUI AIT LAISSÉ ÉCRIRE CELA...
LE TEXTE DE LA LETTRE N'A AUCUNE IMPORTANCE BILL. CE QUI COMPTE C'EST QU'ELLE AIT BIEN ÉTÉ ÉCRITE PAR LE PROFESSEUR LUI-MÊME. CEUX QUI LA LUI ONT FAITE ÉCRIRE N'IGNORENT PAS QUE NOUS FERONS N'IMPORTE QUOI POUR QUE NOTRE AMI AIT LA VIE SAUVE...
RESTE À SAVOIR QUI SONT LES MYSTÉRIEUX FORBANS QUI ONT ENLEVÉ LE PROFESSEUR.
NOUS ALLONS BIENTÔT ÊTRE RENSEIGNÉS.
PERSONNE!
IL AURA FUI PAR LÀ...
VOILÀ QUI ME FERA UNE BONNE ARME AU CAS OÙ CE CHAMPION DE CACHE-CACHE ME TOMBERAIT SOUS LA MAIN...
EST-CE DE MOI QUE VOUS VOULEZ PARLER?
VOUS ALLEZ NOUS DIRE CE QUE VOUS AVEZ FAIT DU PROFESSEUR, SINON JE VOUS RÉDUIS EN MARMELADE!...
À VOTRE PLACE, JE DEMEURERAIS TRANQUILLE, BOUILLANT ÉTRANGER.

SURPRIS, MORANE ET BILL FONT VOLTE-FACE POUR SE TROUVER NEZ À NEZ AVEC LES DEUX CHINOIS DONT LA VOITURE SUIVAIT LEUR TAXI SANS QU'ILS S'EN RENDENT COMPTE...
!?
QUE SIGNIFIE TOUT CECI ?
TOUT SIMPLEMENT QUE J'AI BESOIN DE VOUS ET DE VOTRE AMI, COMMANDANT MORANE !... ALORS, J'AI IMAGINÉ DE FAIRE ENLEVER LE PROFESSEUR CLAIREMBART, POUR VOUS OBLIGER À PASSER PAR MES CONDITIONS !
OÙ SE TROUVE LE PROFESSEUR ?
POUR LE SAVOIR, IL VOUS SUFFIRA DE SUIVRE MES DEUX COLLABORATEURS. MAIS RASSUREZ-VOUS, IL EST EN BONNE SANTÉ...
APRÈS AVOIR PRONONCÉ CES PAROLES L'HOMME À LA CAGOULE DISPARAÎT DERRIÈRE LES TOITS...
ALLONS, MESSIEURS, LE TEMPS PRESSE... SUIVEZ-NOUS !
QUELQUES INSTANTS PLUS TARD, LA VOITURE DES RAVISSEURS EMPORTE LES DEUX AMIS À TRAVERS LA VILLE.
OÙ NOUS CONDUISEZ-VOUS ?
VOUS LE SAUREZ TOUJOURS ASSEZ TÔT... MAIS N'OUBLIEZ PAS QUE LA VIE DU PROFESSEUR DÉPEND DE VOTRE BONNE VOLONTÉ !
iiiiiiiiiiii

DESCENDEZ, MESSIEURS... LA PREMIÈRE PARTIE DU VOYAGE EST TERMINÉE.
ALLEZ-VOUS ENFIN NOUS DIRE ?...
LE MOMENT N'EST PAS AUX EXPLICATIONS. CONTENTEZ-VOUS D'EMBARQUER...
A TRAVERS LE PORT ENDORMI, LE CANOT FONCE VERS LE LARGE...
C 131
UNE FOIS ENCORE, OÙ NOUS CONDUISEZ-VOUS ?
PUISQUE VOTRE AMI ET VOUS AVEZ ÉTÉ DOCILES JUSQU'À PRÉSENT, JE VAIS VOUS RENSEIGNER, HONORABLES PRISONNIERS. VOUS ALLEZ ENTREPRENDRE UNE PETITE CROISIÈRE DE PLAISANCE...
C 131
PRENEZ GARDE À NE PAS FAIRE DE FAUX PAS. L'EAU EST INFESTÉE DE REQUINS PAR ICI ET JE NE VOUDRAIS PAS VOUS PERDRE. VOUS ÊTES TROP PRÉCIEUX POUR CELA...
QUAND ALLONS-NOUS VOIR LE PROFESSEUR CLAIREMBART ?
VOUS POSEZ TROP DE QUESTIONS, COMMANDANT MORANE. MAIS RASSUREZ-VOUS, AVANT LONGTEMPS VOUS VERREZ VOTRE AMI...
QUELQUES MINUTES PLUS TARD, BOB MORANE ET BALLANTINE ÉTAIENT ENFERMÉS À FOND DE CALE...
A VOTRE AVIS OÙ NOUS EMMÈNE-T-ON ?
SI JE LE SAVAIS! MAIS JE SUIS COMME TOI, BILL: JE NAGE EN PLEIN MYSTÈRE.
PENDANT CE TEMPS, AYANT LEVÉ L'ANCRE, LA JONQUE, TOUTES VOILES DEHORS, VOGUE VERS SA DESTINATION INCONNUE...

APRÈS PLUSIEURS JOURS DE TRAVERSÉE, LE BATEAU MOUILLE EN VUE D'UNE ÎLE.
J'AI UNE EXCELLENTE NOUVELLE À VOUS ANNONCER, HONORABLES GENTLEMEN. NOTRE PETIT VOYAGE EST TERMINÉ. SI VOUS VOULEZ MONTER SUR LE PONT...
OU SOMMES-NOUS ?
LA CURIOSITÉ VOUS PERDRA, COMMANDANT MORANE. VOUS ALLEZ FAIRE UNE PETITE VILLÉGIATURE SUR UNE ÎLE EDENIQUE. QUE CE RENSEIGNEMENT VOUS SUFFISE!
OU JE ME TROMPE FORT, COMMANDANT, OU NOUS ALLONS ENCORE ALLER FAIRE UN PETIT TOUR CHEZ LES POISSONS!
VOUS NE VOUS TROMPEZ PAS... J'ESPÈRE QUE VOUS SAVEZ VOUS SERVIR DE CES ENGINS-LÀ...
NOUS SAVONS NOUS SERVIR DE CES ENGINS EN EFFET... MAIS JE SUPPOSE QU'IL EST INUTILE DE VOUS DEMANDER LA MOINDRE EXPLICATION...
C'EST INUTILE... D'AILLEURS, LES ÉVÉNEMENTS NE TARDERONT PAS À VOUS RENSEIGNER...
J'AI DE PLUS EN PLUS L'IMPRESSION DE VIVRE UN CONTE À DORMIR DEBOUT.
J'AI LA MÊME IMPRESSION, BILL.. MAIS IL NOUS FAUT SANS DOUTE PASSER PAR LÀ SI NOUS VOULONS RETROUVER LE PROFESSEUR...
SAUTEZ !...

TOUJOURS ENTOURÉS DES PLONGEURS CHINOIS, BOB ET BALLANTINE NAGENT VERS LA CÔTE, OÙ, SOUS LA SURFACE DE L'EAU, S'OUVRE L'ENTRÉE D'UNE PROFONDE CAVERNE.
JE ME DEMANDE OÙ TOUT CELA VA NOUS MENER, ET SI BILL ET MOI N'AURIONS PAS MIEUX FAIT DE NE PAS ALLER À CE RENDEZ-VOUS, À SINGAPOUR... BAH! APRÈS TOUT, SI CELA NOUS PERMET DE RETROUVER LE PROFESSEUR CLAIREMBART...
VOILÀ UNE LUMIÈRE QUI N'A RIEN À VOIR AVEC CELLE DU JOUR!... SANS DOUTE APPROCHONS-NOUS DU BUT...
"L'OISEAU DE FEU"!!! DÉCIDÉMENT, BILL, TOUT CELA DEVIENT DE PLUS EN PLUS ÉTRANGE...
ÉTRANGE? DITES PLUTÔT, COMMANDANT, QUE NOUS NAGEONS EN PLEIN MYSTÈRE. QUE L'ON ME COUPE EN HUIT DANS LE SENS DE LA LONGUEUR SI JE COMPRENDS QUELQUE CHOSE À...

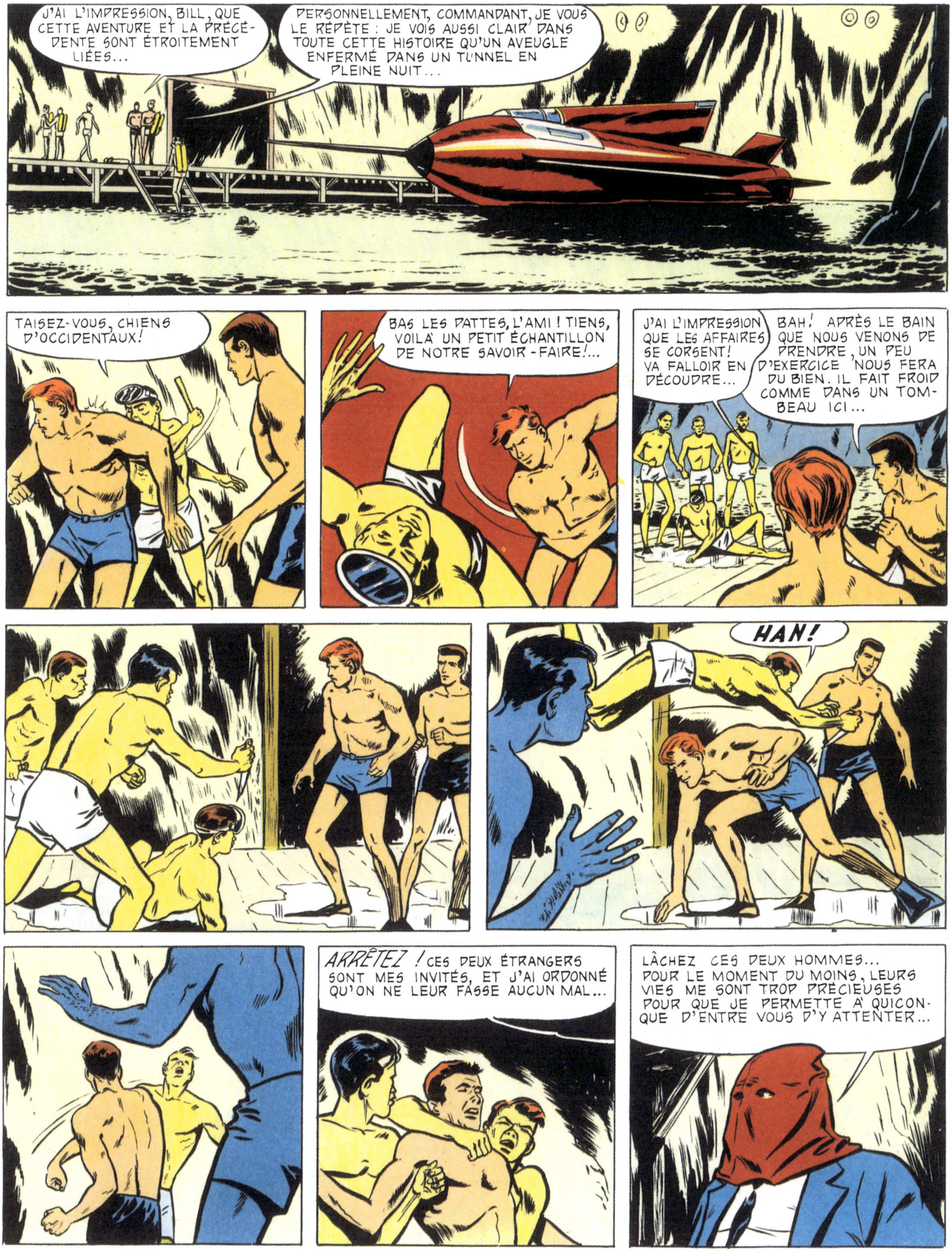
J'AI L'IMPRESSION, BILL, QUE CETTE AVENTURE ET LA PRÉCÉDENTE SONT ÉTROITEMENT LIÉES...
PERSONNELLEMENT, COMMANDANT, JE VOUS LE RÉPÈTE : JE VOIS AUSSI CLAIR DANS TOUTE CETTE HISTOIRE QU'UN AVEUGLE ENFERMÉ DANS UN TUNNEL EN PLEINE NUIT...
TAISEZ-VOUS, CHIENS D'OCCIDENTAUX!
BAS LES PATTES, L'AMI ! TIENS, VOILÀ UN PETIT ÉCHANTILLON DE NOTRE SAVOIR-FAIRE!...
J'AI L'IMPRESSION QUE LES AFFAIRES SE CORSENT! VA FALLOIR EN DÉCOUDRE...
BAH! APRÈS LE BAIN QUE NOUS VENONS DE PRENDRE, UN PEU D'EXERCICE NOUS FERA DU BIEN. IL FAIT FROID COMME DANS UN TOMBEAU ICI...
HAN!
ARRÊTEZ ! CES DEUX ÉTRANGERS SONT MES INVITÉS, ET J'AI ORDONNÉ QU'ON NE LEUR FASSE AUCUN MAL...
LÂCHEZ CES DEUX HOMMES... POUR LE MOMENT DU MOINS, LEURS VIES ME SONT TROP PRÉCIEUSES POUR QUE JE PERMETTE À QUICONQUE D'ENTRE VOUS D'Y ATTENTER...

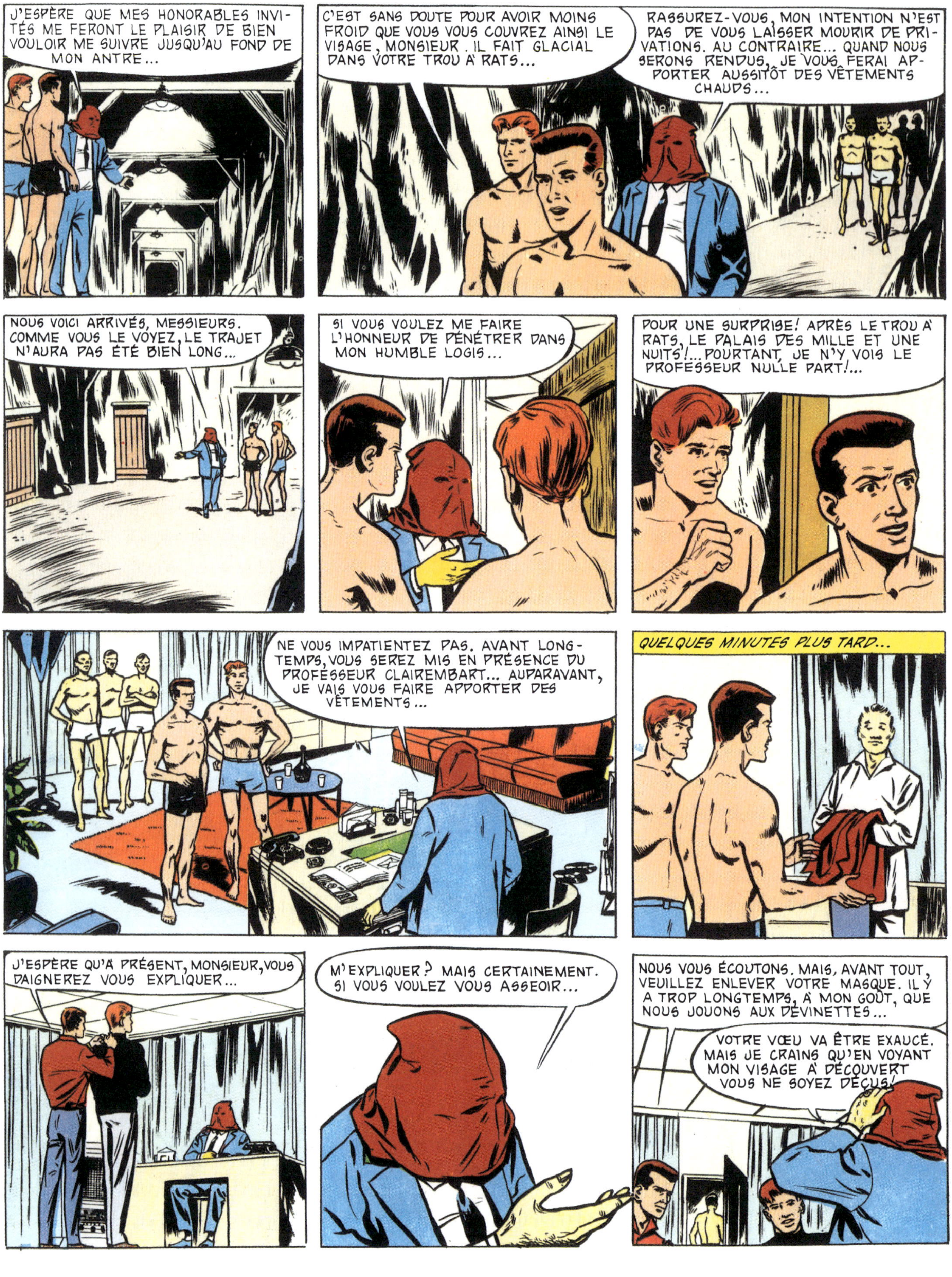
J'ESPÈRE QUE MES HONORABLES INVITÉS ME FERONT LE PLAISIR DE BIEN VOULOIR ME SUIVRE JUSQU'AU FOND DE MON ANTRE...
C'EST SANS DOUTE POUR AVOIR MOINS FROID QUE VOUS VOUS COUVREZ AINSI LE VISAGE, MONSIEUR. IL FAIT GLACIAL DANS VOTRE TROU À RATS...
RASSUREZ-VOUS, MON INTENTION N'EST PAS DE VOUS LAISSER MOURIR DE PRIVATIONS. AU CONTRAIRE... QUAND NOUS SERONS RENDUS, JE VOUS FERAI APPORTER AUSSITÔT DES VÊTEMENTS CHAUDS...
NOUS VOICI ARRIVÉS, MESSIEURS. COMME VOUS LE VOYEZ, LE TRAJET N'AURA PAS ÉTÉ BIEN LONG...
SI VOUS VOULEZ ME FAIRE L'HONNEUR DE PÉNÉTRER DANS MON HUMBLE LOGIS...
POUR UNE SURPRISE! APRÈS LE TROU À RATS, LE PALAIS DES MILLE ET UNE NUITS!... POURTANT, JE N'Y VOIS LE PROFESSEUR NULLE PART!...
NE VOUS IMPATIENTEZ PAS. AVANT LONGTEMPS, VOUS SEREZ MIS EN PRÉSENCE DU PROFESSEUR CLAIREMBART... AUPARAVANT, JE VAIS VOUS FAIRE APPORTER DES VÊTEMENTS...
QUELQUES MINUTES PLUS TARD...
J'ESPÈRE QU'À PRÉSENT, MONSIEUR, VOUS DAIGNEREZ VOUS EXPLIQUER...
M'EXPLIQUER? MAIS CERTAINEMENT. SI VOUS VOULEZ VOUS ASSEOIR...
NOUS VOUS ÉCOUTONS. MAIS, AVANT TOUT, VEUILLEZ ENLEVER VOTRE MASQUE. IL Y A TROP LONGTEMPS, À MON GOÛT, QUE NOUS JOUONS AUX DEVINETTES...
VOTRE VŒU VA ÊTRE EXAUCÉ. MAIS JE CRAINS QU'EN VOYANT MON VISAGE À DÉCOUVERT VOUS NE SOYEZ DÉÇUS!

JE VOUS AVAIS DIT QUE VOUS SERIEZ DÉÇUS EN VOYANT MON VISAGE. VOUS N'AVEZ MÊME PAS SURSAUTÉ !... QUI DONC VOUS ATTENDIEZ-VOUS À VOIR ? LE PRÉSIDENT DE L'O.N.U. ? ADOLF HITLER ? NAPOLÉON RESSUSCITÉ D'ENTRE LES MORTS ?
QUELLE QUE SOIT TON IDENTITÉ, MON GROS, TU RESSEMBLES À UN VILAIN POISSON QUI VIENT DE SAUTER DE LA POÊLE À FRIRE...
VOTRE VISAGE NE ME DIT RIEN, EN EFFET. QUI ÊTES-VOUS ?
LAISSEZ-MOI ME PRÉSENTER : DIMITRI TCHOU. UN TIERS BESSARABIEN, DEUX TIERS CHINOIS. C'EST SOUS CE NOM QU'ON ME CONNAÎT À SINGAPOUR...
POURQUOI PORTEZ-VOUS SANS CESSE CE VIEUX BAS SUR LE VISAGE ? CRAIGNEZ-VOUS DE FAIRE PEUR AUX OISEAUX ?
SI JE CACHE MON VISAGE, MONSIEUR BALLANTINE C'EST QUE DIMITRI TCHOU EST HONORABLEMENT CONNU COMME GROS IMPORTATEUR À SINGAPOUR !... JE NE VOUDRAIS PAS QUE L'ON PUISSE UN SEUL INSTANT SOUPÇONNER QUE LE REQUIN CHINOIS ET LUI NE FONT QU'UNE SEULE ET MÊME PERSONNE !...
LE REQUIN CHINOIS ? VOUS VOULEZ PARLER DU FAMEUX PIRATE ? CE SERAIT ... ?
... VOTRE SERVITEUR EN PERSONNE, COMMANDANT MORANE.
MAIS PASSONS AUX CHOSES SÉRIEUSES, CAR JE SUIS UN HOMME IMPATIENT, HONORABLES GENTLEMEN. VENONS-EN AU BUT. AVEZ-VOUS ENTENDU PARLER D'UN CERTAIN CRAWFORD ?
CRAWFORD ?... CRAWFORD ?... J'AI ENTENDU CE NOM IL N'Y A PAS LONGTEMPS ! J'Y SUIS...
NOUS NE CONNAISSONS AUCUN CRAWFORD, MONSIEUR TCHOU. VRAIMENT AUCUN !...
MAIS SI, COMMANDANT MORANE, VOUS CONNAISSEZ BIEN CRAWFORD, *LE PILOTE DE "L'OISEAU DE FEU"* !... RAPPELEZ-VOUS...

TOUT À L'HEURE "L'OISEAU DE FEU", MAINTENANT CRAWFORD!... BILL AVAIT RAISON LORS DE LA DISPARITION DE L'APPAREIL, DE PENSER QU'IL Y AVAIT QUELQUE CHOSE DE LOUCHE LÀ-DEDANS. SI NOUS VOULONS TIRER NOTRE ÉPINGLE DU JEU NOUS ALLONS DEVOIR JOUER SERRÉ...
"L'OISEAU DE FEU"?... CRAWFORD? DÉCIDÉMENT NON, MONSIEUR LE REQUIN CHINOIS, CELA NE NOUS DIT RIEN!
VOUS JOUEZ BIEN LA COMÉDIE COMMANDANT MORANE. JE SAIS CEPENDANT QUE VOUS AVEZ, EN COMPAGNIE DE MONSIEUR BALLANTINE ET DU MAJOR BRIGGS, ASSISTÉ AUX DERNIERS ESSAIS DE "L'OISEAU DE FEU," C'EST LÀ QUE VOUS AVEZ RENCONTRÉ LE CAPITAINE CRAWFORD...
JE NE SAIS OÙ VOUS AVEZ ÉTÉ CHERCHER TOUT CELA!... MAIS PUISQUE VOUS AIMEZ RACONTER DES HISTOIRES À DORMIR DEBOUT, MONSIEUR TCHOU, NE VOUS EN PRIVEZ PAS...
OUI, NE VOUS EN PRIVEZ PAS!... NOUS N'EN AVONS D'AILLEURS JAMAIS ENTENDUES DE LA BOUCHE D'UN REQUIN, MÊME CHINOIS...
VOUS ALLEZ ÊTRE SATISFAITS... PUISQUE VOUS NE VOULEZ PAS ADMETTRE QUE VOUS CONNAISSEZ CRAWFORD, JE VAIS VOUS DIRE DE QUELLE FAÇON JE L'AI CONNU, MOI!...
CELA SE PASSAIT VOILÀ TROIS MOIS ENVIRON. CE SOIR-LÀ, JE M'ÉTAIS RENDU - EN SIMPLE CURIEUX, CAR JE SUIS TROP INTELLIGENT POUR JOUER - DANS UN TRIPOT FAMEUX DE SINGAPOUR...
JE REMARQUAI UN JOUEUR, UN EUROPÉEN PORTANT L'UNIFORME DE LA R.A.F., QUI SEMBLAIT PERDRE SANS CESSE. AFIN DE BIEN ME CONVAINCRE DE CE QUE LE JEU A D'ABSURDE, JE L'OBSERVAI LONGUEMENT QUAND, SOUDAIN...
IL SE LEVA, EN PROIE À UNE VIOLENTE COLÈRE...
C'EST UNE HONTE! UN VRAI SCANDALE!... CE JEU EST TOUT À FAIT TRUQUÉ!!!...
ET SE MIT À DIRE DES CHOSES QUI, AUSSITÔT, M'INTÉRESSÈRENT...
UN JOUR, À BORD DE L'OISEAU DE FEU", JE VIENDRAI PULVÉRISER VOTRE SALE BARAQUE DE TRICHEURS!

AVANT DE CONTINUER MON RÉCIT, JE DOIS VOUS DIRE, HONORABLES INVITÉS, QUE, DEPUIS UN CERTAIN TEMPS, J'AVAIS CONÇU LE PROJET DE MODERNISER MON ARSENAL DE PIRATE. D'AUTRE PART, J'AVAIS ENTENDU DIRE QUE LES BRITANNIQUES EXPÉRIMENTAIENT UN AVION D'UN MODÈLE NOUVEAU ET QUI AVAIT ÉTÉ BAPTISÉ : "L'OISEAU DE FEU". LES PAROLES DE CRAWFORD ME LAISSÈRENT SUPPOSER QU'IL ÉTAIT LE PILOTE DE CE NOUVEL ENGIN ET...
...JE DÉCIDAI D'INTERVENIR POUR M'ASSURER SON AIDE.
MAIS IL DOIT DE L'ARGENT À LA MAISON, MONSIEUR TCHOU !...
LAISSEZ CET HOMME !... C'EST UN DE MES BONS AMIS...
MON INFLUENCE EST GRANDE DANS CERTAINS MILIEUX DE SINGAPOUR ET JE RÉUSSIS SANS TROP DE MAL À TIRER CRAWFORD DE LÀ...
JE REMBOURSERAI SES DETTES JUSQU'AU DERNIER CENTIME
PUISQU'IL EN EST AINSI, MONSIEUR TCHOU, NOUS OUBLIERONS LES INSULTES DE CE GENTLEMAN...
SA COLÈRE TOMBA ET JE L'ENTRAÎNAI HORS DE LA SALLE DE JEU.
UNE FOIS DANS LA RUE, JE DÉCLARAI À CRAWFORD POUVOIR LUI ASSURER DES REVENUS SUBSTANTIELS À CONDITION QU'IL ME FOURNISSE DES RENSEIGNEMENTS SUR "L'OISEAU DE FEU"...
TOUT D'ABORD, CRAWFORD PROTESTA, PUIS, QUAND JE LUI MONTRAI UNE LIASSE DE BANKNOTES, IL SE RADOUCIT... IL N'ÉTAIT PAS MALHONNÊTE, MAIS JOUEUR, ET CELA LE PERDIT !
IL FINIT PAR M'AVOUER ÊTRE LE PILOTE CHARGÉ DES ESSAIS DE "L'OISEAU DE FEU".
QUAND NOUS ARRIVÂMES À MA DEMEURE, J'AVAIS EN GRANDE PARTIE CONVAINCU CRAWFORD DE M'AIDER DANS LA RÉALISATION DE MON PLAN...

CRAWFORD ET MOI NE TARDÂMES PAS À NOUS ENTENDRE TOUT À FAIT... DE RETOUR À LA BASE D'ESSAIS, IL RAMÈNERAIT "L'OISEAU DE FEU" ET, GRÂCE À CET ENGIN REDOUTABLE, JE DÉCUPLERAI MES POSSIBILITÉS DE PIRATERIE!...
VOUS CONNAISSEZ LA SUITE... CRAWFORD VOLA LE "FIREBIRD" ET ME L'AMENA... AUSSITÔT NOUS NOUS EMPRESSÂMES DE PILLER UN TRANSATLANTIQUE. CETTE OPÉRATION FUT COURONNÉE DE SUCCÈS ET NOUS REVÎNMES ICI CHARGÉS D'UN SUBSTANTIEL MAGOT!...
HÉLAS! TOUT CELA ÉTAIT TROP BEAU! À PEINE ÉTIONS-NOUS REVENUS D'EXPÉDITION QUE CRAWFORD, EN PROIE À UNE VIOLENTE CRISE D'APPENDICITE FUT EMPORTÉ PAR UNE PÉRITONITE!... JE ME TROUVAIS DONC EN POSSESSION D'UN ENGIN QUE PERSONNE ICI N'ÉTAIT CAPABLE DE PILOTER. C'EST ALORS, COMMANDANT MORANE, QUE JE PENSAI À VOUS ET À VOTRE AMI...
À NOUS! POURQUOI À NOUS?
L'EXPLICATION EST SIMPLE: CRAWFORD M'AVAIT RÉVÉLÉ QUE VOTRE AMI ET VOUS L'AVIEZ VU PILOTER "L'OISEAU DE FEU" ET QU'IL ÉTAIT PROBABLE QU'EN RAISON DE VOS CONNAISSANCES EN CE QUI CONCERNE L'AVIATION, VOUS SERIEZ CAPABLES DE LE PILOTER À VOTRE TOUR...
JE DÉCIDAI DONC D'AVOIR RECOURS À VOUS. MAIS COMMENT VOUS CONVAINCRE? JE SAVAIS QUE VOUS AVIEZ LA TÊTE DURE... C'EST ALORS QUE J'APPRIS QUE VOTRE AMI, LE CÉLÈBRE PROFESSEUR CLAIREMBART, VENAIT D'ARRIVER À SINGAPOUR...
... ET VOUS AVEZ KIDNAPPÉ LE PROFESSEUR AFIN DE POSSÉDER SUR NOUS UN MOYEN DE CHANTAGE EFFICACE...
C'EST CELA. TOUT S'EST PASSÉ COMME JE L'AVAIS IMAGINÉ. PENDANT QUE VOUS VOGUIEZ À BORD DE LA JONQUE, JE M'ENVOLAI EN COMPAGNIE DU PROFESSEUR POUR VENIR VOUS ATTENDRE ICI...
LE PROFESSEUR? QUI NOUS DIT QU'IL EST ENCORE EN VIE? NOUS NE L'AVONS GUÈRE APERÇU JUSQU'À PRÉSENT.
VOUS AVEZ APPELÉ, MAÎTRE?
FAITES VENIR IMMÉDIATEMENT LE TROISIÈME PRISONNIER!

QUELQUES MINUTES S'ÉTAIENT ÉCOULÉES DANS L'ATTENTE...
PROFESSEUR !... VOUS ENFIN !... NOUS N'ESPÉRIONS PLUS VOUS RETROUVER !...
OUI, C'EST BIEN MOI, MES AMIS.... EN CHAIR ET EN OS...
BIEN QUE NOUS NOUS RETROUVIONS DANS DES CIRCONSTANCES PEU PROPICES, PROFESSEUR, J'AI BIEN ENVIE DE POUSSER UN CRI INDIEN POUR MANIFESTER MA JOIE !
MALGRÉ LE PLAISIR QUE J'ÉPROUVE À VOUS RETROUVER, MES CHERS AMIS, J'AURAIS PRÉFÉRÉ QUE VOUS NE VINSSIEZ PAS... JE VOUS AVAIS POURTANT BIEN RECOMMANDÉ, DANS MA LETTRE, DE NE PAS CÉDER AU CHANTAGE DE CE GIBIER DE POTENCE...
CET ASSAUT DE COURTOISIE EST TOUCHANT, MESSIEURS, MAIS IL SERAIT TEMPS DE PARLER DE CHOSES SÉRIEUSES !
VOUS OSEZ NOUS DONNER DES ORDRES, SUPPÔT DE L'ENFER ?... VOUS DEVRIEZ RAMPER DEVANT NOUS ! VOUS FAIRE PLUS HUMBLE QUE LE PLUS HUMBLE DES VERS...
TAISEZ-VOUS PROFESSEUR CLAIREMBART ! VOUS M'AVEZ DONNÉ TROP DE MAL JUSQU'À PRÉSENT !... ET JE POURRAIS PERDRE PATIENCE...
CALMEZ-VOUS PROFESSEUR NOTRE... HÔTE EST LE PLUS FORT POUR L'INSTANT... MIEUX VAUT ÉCOUTER CE QU'IL A À NOUS DIRE...
COMMANDANT MORANE, COMME VOUS ÊTES SEUL CAPABLE DE PILOTER "L'OISEAU DE FEU" VOUS ALLEZ LE FAIRE ET POUR MON COMPTE... AIDÉ EN CELA PAR MONSIEUR BALLANTINE. BIEN SÛR, CHACUN DE VOUS RECEVRA UNE PART DU BUTIN AMASSÉ...
ET SI NOUS REFUSONS ?
CE QUI SE PASSERA SI VOUS REFUSEZ ? JE POSSÈDE LE MOYEN DE CALMER LES PLUS RÉCALCITRANTS... POUR CELA, IL ME SUFFIT DE SONNER TROIS FOIS. COMME CECI...

A L'APPEL DE TCHOU, TROIS GÉANTS CHINOIS ENTRENT...
MESSIEURS, JE VOUS PRÉSENTE LI, TCHEN ET KYO, MES PLUS FIDÈLES GARDES DU CORPS!...ILS VONT VOUS MONTRER DE QUOI ILS SONT CAPABLES...
BOB ET SES COMPAGNONS N'ONT CEPENDANT PAS ATTENDU L'ATTAQUE DES TROIS BRUTES...
ET QUELQUES SECONDES APRÈS...
MAIS RELEVEZ-VOUS DONC AU LIEU DE RESTER ÉTENDUS LA COMME DES POISSONS MORTS!
INUTILE D'INSISTER, MONSIEUR TCHOU, VOS PETITS AMIS SONT AU PAYS DES FÉES...
ET VOUS ALLEZ LES Y REJOINDRE...
A L'AIDE!
CETTE FOIS, TOUTE RÉSISTANCE EST INUTILE ... ET NOS TROIS HÉROS DOIVENT S'INCLINER DEVANT LE NOMBRE ET LES ARMES DE LEURS ADVERSAIRES...
AH! VOUS OSEZ ME RÉSISTER! JE VOUS FERAI EXÉCUTER TOUS LES TROIS!... SANS PITIÉ!
NON MONSIEUR TCHOU. CAR PEUT-ÊTRE APRÈS TOUT, FINIRONS-NOUS PAR ACCEPTER DE PILOTER "L'OISEAU DE FEU".
VOUS AVEZ RAISON, MESSIEURS, LA COLÈRE EST MAUVAISE CONSEILLÈRE... JE VOUS DONNE UNE HEURE POUR RÉFLÉCHIR... SI PASSÉ CE DÉLAI VOUS N'AVEZ PAS ACCEPTÉ MA PROPOSITION, VOTRE AMI LE PROFESSEUR SUBIRA LES CONSÉQUENCES DE CE REFUS...

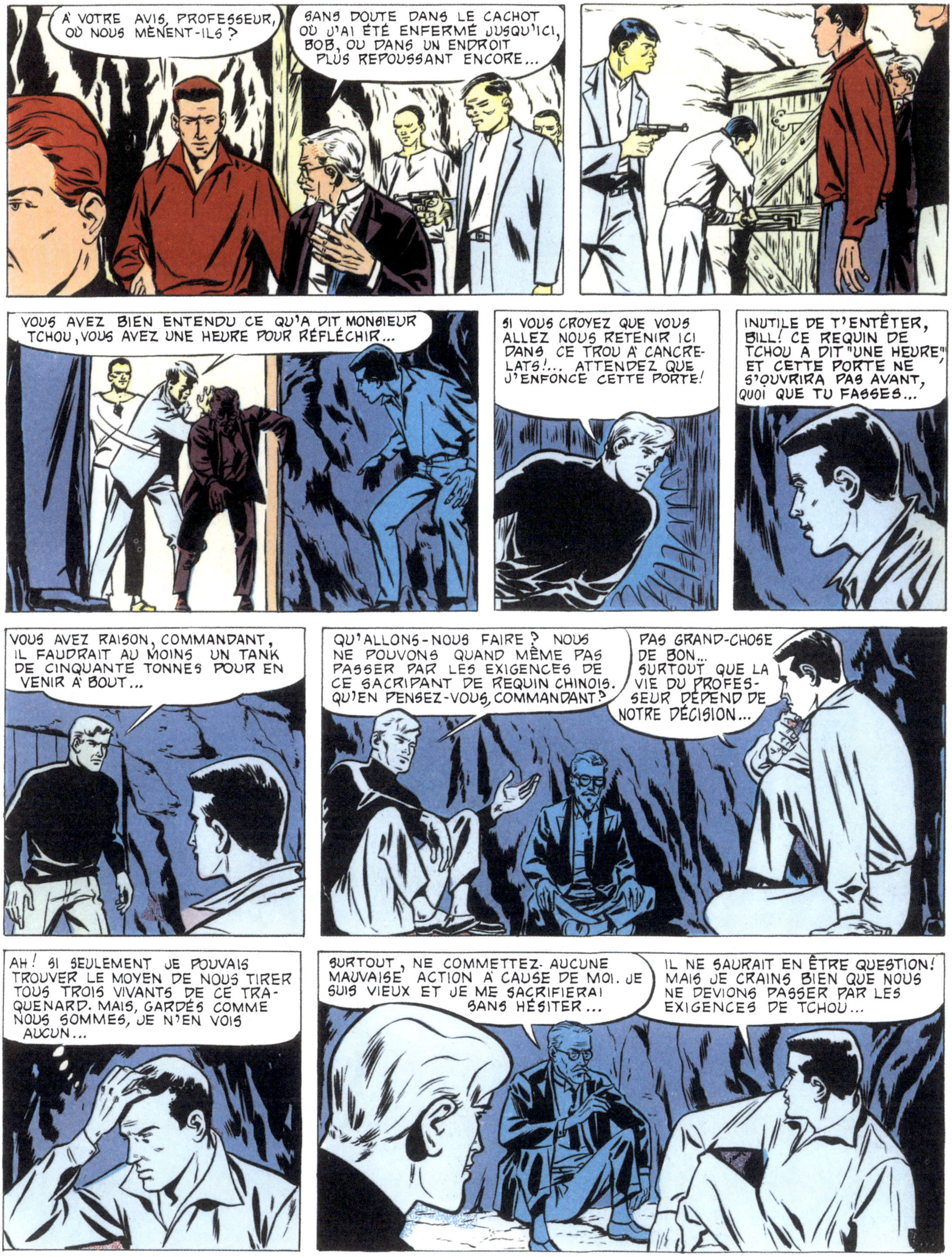
À VOTRE AVIS, PROFESSEUR, OÙ NOUS MÈNENT-ILS ?
SANS DOUTE DANS LE CACHOT OÙ J'AI ÉTÉ ENFERMÉ JUSQU'ICI, BOB, OU DANS UN ENDROIT PLUS REPOUSSANT ENCORE...
VOUS AVEZ BIEN ENTENDU CE QU'A DIT MONSIEUR TCHOU, VOUS AVEZ UNE HEURE POUR RÉFLÉCHIR...
SI VOUS CROYEZ QUE VOUS ALLEZ NOUS RETENIR ICI DANS CE TROU À CANCRELATS !... ATTENDEZ QUE J'ENFONCE CETTE PORTE !
INUTILE DE T'ENTÊTER, BILL ! CE REQUIN DE TCHOU A DIT "UNE HEURE", ET CETTE PORTE NE S'OUVRIRA PAS AVANT, QUOI QUE TU FASSES...
VOUS AVEZ RAISON, COMMANDANT, IL FAUDRAIT AU MOINS UN TANK DE CINQUANTE TONNES POUR EN VENIR À BOUT...
QU'ALLONS-NOUS FAIRE ? NOUS NE POUVONS QUAND MÊME PAS PASSER PAR LES EXIGENCES DE CE SACRIPANT DE REQUIN CHINOIS. QU'EN PENSEZ-VOUS, COMMANDANT ?
PAS GRAND-CHOSE DE BON... SURTOUT QUE LA VIE DU PROFESSEUR DÉPEND DE NOTRE DÉCISION...
AH ! SI SEULEMENT JE POUVAIS TROUVER LE MOYEN DE NOUS TIRER TOUS TROIS VIVANTS DE CE TRAQUENARD. MAIS, GARDÉS COMME NOUS SOMMES, JE N'EN VOIS AUCUN...
SURTOUT, NE COMMETTEZ AUCUNE MAUVAISE ACTION À CAUSE DE MOI. JE SUIS VIEUX ET JE ME SACRIFIERAI SANS HÉSITER...
IL NE SAURAIT EN ÊTRE QUESTION ! MAIS JE CRAINS BIEN QUE NOUS NE DEVIONS PASSER PAR LES EXIGENCES DE TCHOU...

DEVENIR COMPLICES DE CES PIRATES ?... JAMAIS !!!
CESSE DE GESTICULER AINSI, BILL, ET ASSIEDS-TOI ! PERSONNE NE TE PARLE DE DEVENIR COMPLICES DES PIRATES, MAIS SEULEMENT DE FEINDRE POUR LEUR JOUER ENSUITE UN TOUR À NOTRE FAÇON...
CELA NE MARCHERA PAS, BOB VOUS SEREZ SURVEILLÉS SANS CESSE. MIEUX VAUT REFUSER ET ME SACRIFIER...
VOUS SACRIFIER ? NON SEULEMENT NI BILL, NI MOI, NE POURRIONS JAMAIS NOUS Y RÉSOUDRE MAIS, CE NE SERAIT PAS UNE SOLUTION. TCHOU NOUS FERAIT TORTURER PUIS EXÉCUTER TOUS LES TROIS QUAND IL AURAIT ACQUIS LA CERTITUDE QUE JAMAIS NOUS NE L'AIDERIONS...
QUE FAIRE ALORS ? D'UN CÔTÉ NOUS RENDRE COMPLICES. DE L'AUTRE : LA MORT...
CE QU'IL FAUT FAIRE, C'EST GAGNER DU TEMPS. ENSUITE, JE TROUVERAI BIEN UN MOYEN DE NOUS TIRER DE CE MAUVAIS PAS...
LE MOYEN DE NOUS TIRER DE CE MAUVAIS PAS ?.. JE CONTINUE À DOUTER QU'IL EN EXISTE UN...
L'HEURE DE DÉLAI ÉCOULÉE, DIMITRI TCHOU FAIT CHERCHER SES PRISONNIERS POUR CONNAÎTRE LEUR RÉPONSE...
EH BIEN, MESSIEURS, QUELLE DÉCISION AVEZ-VOUS PRISE ?
NOUS ACCEPTONS VOTRE PROPOSITION...
VOTRE DOCILITÉ ME RAVIT, COMMANDANT MORANE. JE SAVAIS BIEN QUE NOUS FINIRIONS PAR NOUS ENTENDRE...
NE TRIOMPHEZ PAS TROP VITE... BILL ET MOI N'AVONS PASSÉ QUE PEU DE TEMPS À L'INTÉRIEUR DE L'"OISEAU DE FEU", IL NOUS FAUDRA PLUSIEURS JOURS POUR NOUS FAMILIARISER AVEC L'APPAREIL...
JE VOUS DONNE DEUX SEMAINES, COMMANDANT MORANE, POUR MENER À BIEN CE TRAVAIL D'ÉTUDE. ENTRE-TEMPS, N'ESSAYEZ PAS DE FUIR. VOUS SERIEZ IMPITOYABLEMENT MASSACRÉS. VOUS M'ENTENDEZ BIEN : IM-PI-TOYA-BLEMENT !

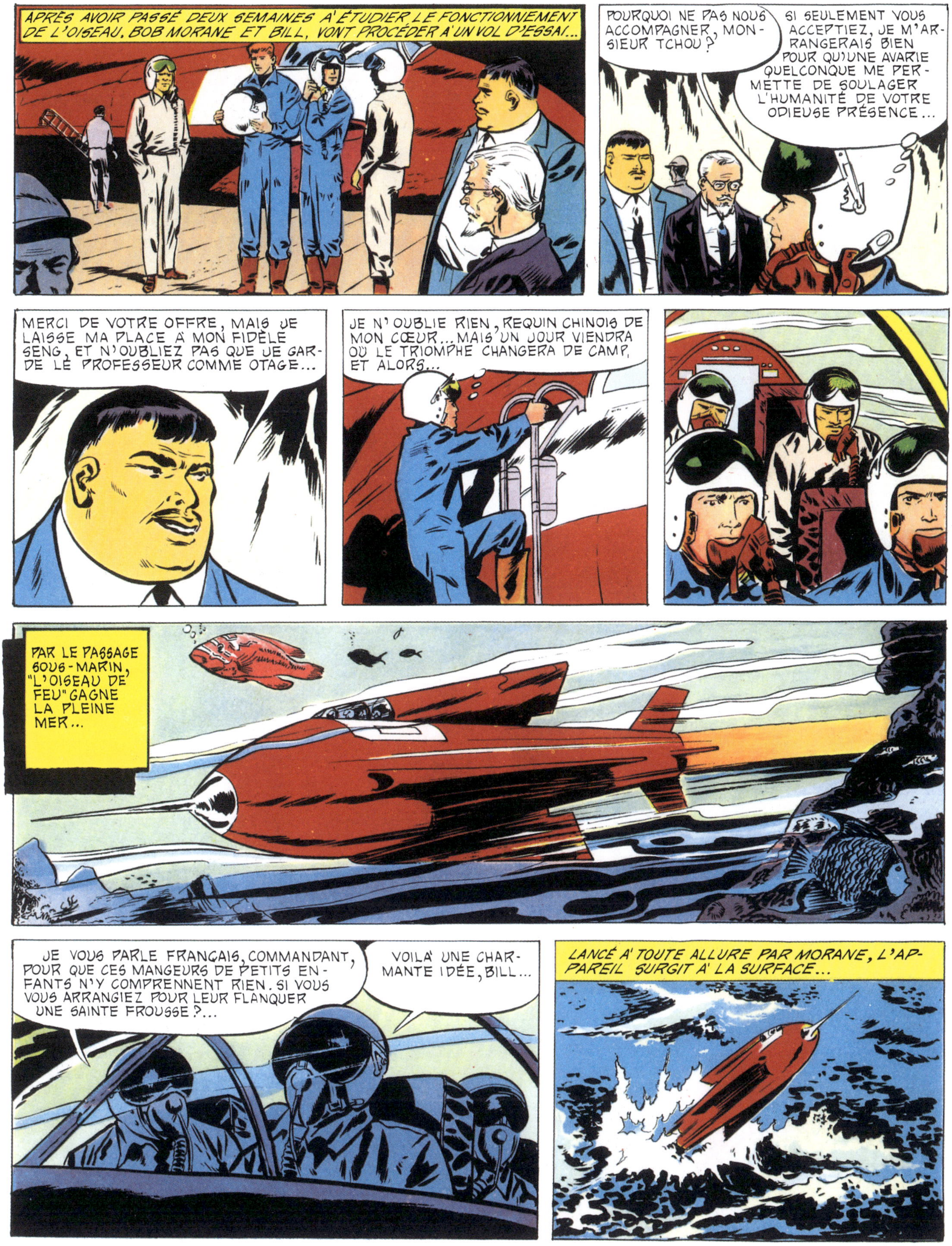
APRÈS AVOIR PASSÉ DEUX SEMAINES À ÉTUDIER LE FONCTIONNEMENT DE L'OISEAU, BOB MORANE ET BILL, VONT PROCÉDER À UN VOL D'ESSAI...
POURQUOI NE PAS NOUS ACCOMPAGNER, MONSIEUR TCHOU ?
SI SEULEMENT VOUS ACCEPTIEZ, JE M'ARRANGERAIS BIEN POUR QU'UNE AVARIE QUELCONQUE ME PERMETTE DE SOULAGER L'HUMANITÉ DE VOTRE ODIEUSE PRÉSENCE...
MERCI DE VOTRE OFFRE, MAIS JE LAISSE MA PLACE À MON FIDÈLE SENG, ET N'OUBLIEZ PAS QUE JE GARDE LE PROFESSEUR COMME OTAGE...
JE N'OUBLIE RIEN, REQUIN CHINOIS DE MON CŒUR... MAIS UN JOUR VIENDRA OÙ LE TRIOMPHE CHANGERA DE CAMP, ET ALORS...
PAR LE PASSAGE SOUS-MARIN, "L'OISEAU DE FEU" GAGNE LA PLEINE MER...
JE VOUS PARLE FRANÇAIS, COMMANDANT, POUR QUE CES MANGEURS DE PETITS ENFANTS N'Y COMPRENNENT RIEN. SI VOUS VOUS ARRANGIEZ POUR LEUR FLANQUER UNE SAINTE FROUSSE ?...
VOILÀ UNE CHARMANTE IDÉE, BILL...
LANCÉ À TOUTE ALLURE PAR MORANE, L'APPAREIL SURGIT À LA SURFACE...

ALLEZ-Y, COMMANDANT! METTEZ TOUTE LA SAUCE! ILS ONT VOULU ESSAYER L'"OISEAU DE FEU"? ON VA LEUR EN FAIRE VOIR!...
?
?!?
ENCORE, COMMANDANT! ENCORE! ON SE CROIRAIT SUR LES MONTAGNES RUSSES UN JOUR DE GRAND VENT!
CESSEZ CE PETIT JEU, VOUS M'ENTENDEZ! VOUS ALLEZ NOUS TUER TOUS...
SI VOUS TIREZ, MONSIEUR SENG, C'EST ALORS QUE NOUS MOURRONS TOUS.
ARRÊTEZ, COMMANDANT MORANE! MAIS ARRÊTEZ DONC!...
NE JOUEZ PAS LES TROUBLE-FÊTES, MONSIEUR SENG. MAIS, QUE SE PASSE-T-IL?...
JE NE PARVIENS PAS À REDRESSER!..
L'APPAREIL N'OBÉIT PLUS

QUELQUE CHOSE NOUS ENTRAÎNE VERS LE FOND!
LE TENTACULE D'UN CALMAR!... UN CALMAR GÉANT!
IL FAUT NOUS ARRACHER À SON ÉTREINTE, SINON NOUS ALLONS TOUS PÉRIR!
LUI ÉCHAPPER? IL DOIT PESER DES TONNES!... PEUT-ÊTRE QU'EN POUSSANT LES RÉACTEURS À PLEINE PUISSANCE...
BROOAAWW
NOUS REMONTONS, COMMANDANT ... NOUS REMONTONS!...
OUI, BILL, NOUS REMONTONS, MAIS LENTEMENT. LE MONSTRE EST TROP LOURD. AH! SI SEULEMENT JE POUVAIS L'AVOIR DE FACE POUR LE FOUDROYER À L'AIDE DES CANONS ATOMIQUES...
BRAVO, COMMANDANT! ENCORE UN EFFORT POUR NOUS DÉBARRASSER DE CE DÉMON...

LES ESPOIRS DE BILL BALLANTINE DEVAIENT ÊTRE VAINS... ENTRAÎNÉ PAR LE POIDS DU MONSTRUEUX CÉPHALOPODE, "L'OISEAU DE FEU" RETOMBE À LA MER...
FAIRE QUELQUE CHOSE! BIEN SÛR... MAIS QUOI ?
TOUT CE QUI ME RESTE À TENTER, C'EST DE PRENDRE LE MONSTRE PAR SURPRISE... DEMEURER IMMOBILE PUIS, À NOUVEAU, LES RÉACTEURS À FOND...
C'EST LE MOMENT!
GROWW
UNE FOIS ENCORE, SES RÉACTEURS ATOMIQUES POUSSÉS À FOND "L'OISEAU DE FEU" FILE VERS LA SURFACE POUR ESSAYER À NOUVEAU DE DESSERRER L'ÉTREINTE DU CALMAR GÉANT...

EN DÉPIT DU POIDS DU MONSTRE, MORANE RÉUSSIT POUR LA SECONDE FOIS À ARRACHER "L'OISEAU DE FEU" À LA MER...
PLONGER EN PIQUÉ, C'EST NOTRE DERNIÈRE CHANCE DE LUI FAIRE LÂCHER PRISE...
BRAVO, COMMANDANT!... IL A LÂCHÉ L'APPAREIL...
ATTENTION!... IL REVIENT!
LES CANONS! C'EST L'OCCASION OU JAMAIS!...

BRAVO, COMMANDANT! VOUS L'AVEZ TOUCHÉ EN PLEIN!
OUF!... J'AI BIEN CRU QUE NOUS ALLIONS Y RESTER...
NOUS NOUS EN SOMMES TIRÉS, C'EST TOUT CE QUI COMPTE. MAIS JE CROIS QUE CET ESSAI A ÉTÉ CONCLUANT ET QU'IL SERAIT TEMPS DE REGAGNER LA BASE...
SANS DOUTE N'AI-JE QU'À OBÉIR, PUISQUE C'EST VOUS QUI COMMANDEZ...
POUR LE MOMENT DU MOINS...
TIENS! VOILÀ MAINTENANT QUE NOTRE OISEAU REFUSE D'AVANCER...
REFUSE D'AVANCER? AH ÇA, VOUS VOUS MOQUEZ DE MOI...?
ME MOQUER? REGARDEZ VOUS-MÊME... LA MANETTE DES GAZ EST POUSSÉE À FOND, ET C'EST À PEINE SI NOUS AVANÇONS. JE CROIS QU'IL NOUS SERA DIFFICILE DE REGAGNER LA BASE, DU MOINS POUR L'INSTANT...
QUE COMPTEZ-VOUS FAIRE?... ET SURTOUT, N'ESSAYEZ PAS DE NOUS JOUER UN TOUR QUELCONQUE, N'OUBLIEZ PAS QUE LE PROFESSEUR EST TOUJOURS AUX MAINS DU REQUIN CHINOIS...
VOUS N'AURIEZ PAS L'INTENTION D'ATTERRIR SUR UNE DE CES ÎLES, COMMANDANT MORANE?... ELLES SONT HABITÉES PAR DES PAPOUS, CANNIBALES, DES PYGMÉES QUI...
DÉSOLÉ, MONSIEUR SENG... MAIS JE N'AI RIEN D'AUTRE À VOUS OFFRIR! IL NOUS FAUT AU PLUS VITE DÉCOUVRIR L'AVARIE. À MOINS QUE VOUS PRÉFÉRIEZ ÊTRE ENFERMÉ DANS UN CERCUEIL DE MÉTAL!...

TENEZ-VOUS BIEN! NOUS ALLONS NOUS POSER SUR LE VENTRE...
VRRIIIIIIIIIIII
LE COMITÉ DE RÉCEPTION SEMBLE BRILLER PAR SON ABSENCE, SENG! À MOINS QUE CETTE ÎLE NE SOIT PAS AUSSI HABITÉE QUE VOUS LE SUPPOSIEZ...
J'AIMERAIS NÉANMOINS NE PAS TROP M'ATTARDER ICI... COMMANDANT MORANE...
CE CALME NE ME DIT RIEN QUI VAILLE! PLUS VITE NOUS SERONS PARTIS, MIEUX CELA VAUDRA...
RASSUREZ-VOUS. BILL VA JETER SANS RETARD UN COUP D'ŒIL SUR LES RÉACTEURS...
COMMANDANT!... JE CROIS AVOIR TROUVÉ!
C'EST CE JOINT... IL A DÛ SAUTER QUAND, POUR ÉCHAPPER AU CALMAR, VOUS AVEZ POUSSÉ LES RÉACTEURS À FOND...
CROYEZ-VOUS POUVOIR RÉPARER RAPIDEMENT?
JE LE PENSE, MAIS IL FAUDRAIT DE L'EAU DOUCE POUR REFROIDIR LES TUYÈRES...
LE COMMANDANT MORANE ET KIOU, IRONT VOUS EN CHERCHER. J'AI CRU APERCEVOIR UNE SOURCE LÀ-BAS ENTRE LES ARBRES.
QUELQUES SECONDES PLUS TARD, BOB ET LE SECOND PIRATE SE DIRIGENT VERS LA JUNGLE ÉPAISSE BORDANT LA PLAGE...

JUCHÉS DANS LES ARBRES, LES PAPOUS ÉPIENT LES DEUX HOMMES...
SENG NE SE TROMPAIT PAS. VOICI LA SOURCE EN QUESTION...
DÉPÊCHONS-NOUS DE REMPLIR NOS RÉCIPIENTS. CE SILENCE NE ME DIT RIEN QUI VAILLE...
ATTENTION!
TANDIS QUE BOB MORANE S'ÉCROULE, LE CHINOIS OUVRE LE FEU SUR LEURS AGRESSEURS...

LAISSANT MORANE SUR PLACE, LE PIRATE CHERCHE SON SALUT DANS LA FUITE...
BANG
BANG
CEPENDANT, DE "L'OISEAU DE FEU" ON AVAIT PERÇU LE BRUIT DES DÉTONATIONS...
LES CANNIBALES ! LES CANNIBALES !
QUE S'EST-IL PASSÉ ?
LES PAPOUS NOUS ONT ATTAQUÉS ! LE COMMANDANT MORANE A ÉTÉ ABATTU D'UN COUP DE MASSUE, ET...
LES VOILÀ !... ILS ARRIVENT !
JE VAIS LEUR DONNER UNE PETITE LEÇON DE PRUDENCE...
?!?
TERRORISÉS PAR LE TIR DE LA MITRAILLEUSE, LES PAPOUS S'ENFUIENT...

IL FAUT ALLER À LA RECHERCHE DU COMMANDANT !
CE SERAIT DE LA FOLIE ! D'AILLEURS, JE VOUS AI DIT L'AVOIR VU ABATTU SOUS MES YEUX D'UN COUP DE MASSUE. SANS DOUTE EST-IL MORT...
JAMAIS VOUS NE ME FEREZ CROIRE QUE LE COMMANDANT EST MORT. D'AILLEURS, QU'IL LE SOIT OU NON, JE DOIS PARTIR À SA RECHERCHE...
SI LE COMMANDANT MORANE EST MORT, VOUS NOUS DEVENEZ TROP PRÉCIEUX POUR QUE JE VOUS LAISSE RISQUER VOTRE VIE... VOUS ALLEZ EFFECTUER LA RÉPARATION NÉCESSAIRE EN EMPLOYANT DE L'EAU DE MER POUR REFROIDIR LES TUYÈRES...
DE L'EAU DE MER ! MAIS CELA RISQUE DE CORRODER LE MÉTAL...
NOUS N'AVONS PAS LE CHOIX... MONSIEUR BALLANTINE... DE RETOUR À LA BASE, VOUS POURREZ NETTOYER LES TUYÈRES. IL FAUT VOUS METTRE AU TRAVAIL !..
PERSUADÉ DE LA MORT DE SON AMI, BILL, DÉSESPÉRÉ, SE MET À RÉPARER L'AVARIE...
BOB MORANE, CEPENDANT, N'AVAIT ÉTÉ QU'ÉTOURDI...
ET LA FRAÎCHEUR DE L'EAU NE DEVAIT PAS TARDER À LE RANIMER...
... IL SE REND COMPTE QUE LES PAPOUS L'ENTOURENT...
À UN ORDRE DE LEUR CHEF, LES PAPOUS ATTACHENT MORANE À UNE LONGUE PERCHE...
... ET L'EMPORTENT VERS UNE MYSTÉRIEUSE DESTINATION...

APRÈS AVOIR PROGRESSÉ DURANT UNE HEURE ENVIRON À TRAVERS LA FORÊT, LES PAPOUS ET LEUR PRISONNIER ATTEIGNENT UNE RIVIÈRE. BOB EST DÉPOSÉ AU FOND D'UNE PIROGUE...
LENTEMENT, LES EMBARCATIONS SE METTENT À REMONTER LE COURANT...
HIiiiiiiiiiii
"L'OISEAU DE FEU" !... ILS PARTENT... ILS DOIVENT ME CROIRE MORT...
LES TAM-TAM MAINTENANT... ON DOIT APPROCHER DU VILLAGE.
TOMPOTOM TOMPOTOM
EN EFFET...

QUELQUES MINUTES PLUS TARD, BOB EST EMMENÉ EN DIRECTION DU VILLAGE EN LIESSE...
BOB MORANE EST CONDUIT VERS UNE GRANDE CASE CONSTRUITE SUR PILOTIS.
TIENS, TIENS..., VOILA' DE LA COMPAGNIE ! JE COMMENÇAIS À ME SENTIR SEUL !...
ET PUIS COMME, DE TOUTE FAÇON JE DOIS ÊTRE RÔTI POUR CORSER LE MENU DE CES CANNIBALES, JE PRÉFÈRE L'ÊTRE EN COMPAGNIE D'UN GENTLEMAN !

CESSEZ DE RIRE, MON VIEUX... NOTRE SITUATION N'A RIEN DE BIEN RÉJOUISSANT...
VOUS AVEZ RAISON ! MAIS MON RIRE ÉTAIT NERVEUX !... VOILÀ PRÈS D'UN MOIS MAINTENANT QUE JE SUIS ENFERMÉ DANS CETTE MAUDITE CAGE, À ATTENDRE, ET MES NERFS COMMENCENT À FLANCHER!
MON NOM EST BLACKIE MELROSE, CHEF MÉCANICIEN À BORD DU PÉTROLIER "WAIKIKI". CELUI-CI A FAIT NAUFRAGE DANS LES PARAGES. J'AI RÉUSSI À ATTEINDRE CETTE ÎLE À LA NAGE, POUR ÊTRE AUSSITÔT CAPTURÉ PAR CES PYGMÉES DU DIABLE...
JE ME NOMME BOB MORANE ET...
BOB MORANE! VOUS NE SERIEZ PAS LE FAMEUX COMMANDANT MORANE PAR HASARD ?
EN CHAIR ET EN OS, SI CELA PEUT VOUS FAIRE PLAISIR... MAIS IL SERAIT JUSTE QUE JE VOUS DISE, MOI AUSSI, COMMENT JE SUIS ICI...
RAPIDEMENT, MORANE MET SON COMPAGNON AU COURANT DE SES DERNIÈRES AVENTURES...
PENDANT CE TEMPS, DANS LE VILLAGE, LES PAPOUS PROCÈDENT AUX PRÉPARATIFS DE GRANDES RÉJOUISSANCES...
ON DIRAIT QU'UNE GRANDE FÊTE SE PRÉPARE...
OUI... SANS DOUTE LES PAPOUS VEULENT-ILS FÊTER VOTRE CAPTURE... COMME ILS ONT FÊTÉ LA MIENNE! ENSUITE IL EST PROBABLE QUE NOUS SERONS SACRIFIÉS... ET MANGÉS.
HIHIHI!...
TOMPOTOM TOMPOTOM
QUI SAIT... BLACKIE?... CETTE FÊTE NOUS DONNERA PEUT-ÊTRE JUSTEMENT LE MOYEN DE TIRER NOTRE RÉVÉRENCE ?!...

TIRER NOTRE RÉVÉRENCE! VOUS VOULEZ DIRE FUIR? VOUS N'Y PENSEZ PAS SÉRIEUSEMENT? NOUS SERIONS REJOINTS AVANT MÊME D'AVOIR ATTEINT L'ENCEINTE DU VILLAGE!
IL EST PROBABLE QUE, PENDANT CETTE FÊTE, LES PAPOUS S'ENIVRERONT... QUAND ILS SERONT TOUS IVRES MORTS, NOUS TENTERONS DE GAGNER LA CÔTE À BORD D'UNE PIROGUE. MAIS, AVANT IL FAUT SORTIR DE CETTE CAGE ET JE VOUS CROIS ASSEZ FORT POUR EN VENIR À BOUT
SOYEZ SANS CRAINTE COMMANDANT MORANE, CES MAINS-LÀ SONT PAREILLES À DES GRIFFES D'ACIER! MAINTENANT QUE VOUS ÊTES VENU ME RENDRE L'ESPOIR, JE VAIS BRISER CES BAMBOUS COMME DES ALLUMETTES!
COMMENT SE FAIT-IL QUE VOUS N'AYEZ PAS EMPLOYÉ VOTRE FORCE PLUS TÔT? DEPUIS LE TEMPS QUE VOUS ÊTES ENFERMÉ ICI...
JE NE CROYAIS PAS POUVOIR M'EN TIRER UNE FOIS SORTI DE LA CAGE... MAINTENANT VOUS ÊTES LÀ. JE VOUS CONNAIS DE RÉPUTATION ET JE SAIS QU'AVEC VOUS J'AI UNE CHANCE D'ÉCHAPPER À CES MANGEURS DE CHAIR HUMAINE. QUAND VOUS COMMANDEREZ, J'AGIRAI!...
IL NOUS FAUT ATTENDRE LA NUIT, BLACKIE. TOUT CE QUE JE VOUS DEMANDE, C'EST UN PEU DE PATIENCE...
UN PEU APRÈS, AVEC LA VENUE DE LA NUIT, LA FÊTE ATTEINT SON PAROXYSME...
TOMPOTOM TOMPOTOM
TOMPOTOM
ET, QUELQUES HEURES PLUS TARD, UN SILENCE TOTAL RÈGNE SUR LE VILLAGE...
ON N'ENTEND PLUS RIEN. ILS DOIVENT TOUS DORMIR COMME DES IVROGNES QU'ILS SONT. JE CROIS, BLACKIE, QUE LE MOMENT DE MONTRER VOTRE FORCE EST VENU.

CRAAAC
TOUT ME PARAÎT CALME ! NOUS POUVONS TENTER NOTRE CHANCE.
RIEN NE BOUGE. À VOTRE TOUR, BLACKIE...
TÂCHONS D'ATTEINDRE L'EMBARCADÈRE SANS NOUS FAIRE REPÉRER...
!?!
PRENONS CETTE LANCE. ELLE POURRA PEUT-ÊTRE SERVIR...

OUF!... TOUT S'EST BIEN PASSÉ JUSQU'ICI. PAS UN DE CES DORMEURS NE S'EST RÉVEILLÉ...
HÂTONS-NOUS DE METTRE LE PLUS DE DISTANCE POSSIBLE ENTRE CES SAUVAGES ET NOUS!
OUI MAIS, AVANT CELA, IL SERAIT SAGE DE PRENDRE NOS PRÉCAUTIONS...
À COUPS DE LANCE, MORANE ENTREPREND DE COULER LES AUTRES PIROGUES...
DE CETTE FAÇON, LES PAPOUS NE POURRONT NOUS POURSUIVRE!... AVANT QU'ILS AIENT REMIS LEURS EMBARCATIONS EN ÉTAT DE NAVIGUER, NOUS SERONS LOINS...
VOUS NE FAITES CERTES PAS MENTIR VOTRE RÉPUTATION, COMMANDANT MORANE! SANS VOUS, JE N'AURAIS JAMAIS OSÉ TENTER TOUT ÇA...
NOUS NE SOMMES PAS ENCORE SAUVÉS, BLACKIE! METTONS-NOUS À SOUQUER DUR.
PENDANT TOUT LE RESTE DE LA NUIT, LA PIROGUE DESCENDIT LA RIVIERE...
À L'AUBE
LES TAM-TAM! NOTRE FUITE EST DÉCOUVERTE!
TOMPOTOM TOMPOTOM!..
LA MER, LÀ, DEVANT NOUS! ILS NE NOUS REJOINDRONT PLUS À PRÉSENT! NOUS SOMMES SAUVÉS!
LES FUYARDS AURAIENT DÉCHANTÉ CEPENDANT S'ILS AVAIENT PU APERCEVOIR CES NOUVEAUX ENNEMIS QUI, LONGEANT LA CÔTE, SE DIRIGEAIENT VERS L'EMBOUCHURE DE LA RIVIÈRE!

JE DOIS CONTACTER AUSSITÔT LE MAJOR BRIGGS, POUR QU'IL PUISSE RÉCUPÉRER L'"OISEAU DE FEU" ET M'AIDER À DÉLIVRER MES AMIS!
QUITTONS AVANT TOUT CES PARAGES MALFAMÉS, CAR...
LÀ, REGARDEZ!
D'AUTRES PAPOUS!! ILS ONT L'AIR DE VOULOIR NOUS REJOINDRE! TÂCHONS DE LES DISTANCER!
IL NE PEUT S'AGIR DES PAPOUS QUI NOUS ONT CAPTURÉS. CEUX-CI SONT DE TAILLE NORMALE...
SANS DOUTE EST-CE UNE TRIBU D'UNE ÎLE VOISINE VENANT FAIRE LA GUERRE AUX PYGMÉES... DE TOUTE FAÇON, ILS DOIVENT ÊTRE AUSSI REDOUTABLES!
ILS VONT NOUS REJOINDRE... SANS DOUTE VEULENT-ILS, EUX AUSSI, NOUS FAIRE PRISONNIERS, SINON ILS NOUS AURAIENT DÉJÀ LARDÉS DE FLÈCHES!
CONTINUEZ À LES RETARDER. JE VAIS LEUR FAIRE LE COUP DE L'ESPADON...

BRAVO! POUR UN BON TOUR, C'EST UN BON TOUR, QUE VOUS LEUR AVEZ JOUÉ LÀ, À CES MANGEURS DE CHAIR FRAÎCHE!
J'AI RÉUSSI A LES RETARDER UN PEU, MAIS CE NE SERA QUE PARTIE REMISE. TÂCHONS DE PRENDRE LE PLUS D'AVANCE POSSIBLE...
CEPENDANT, LES AUTRES PIROGUES SE RAPPROCHENT SANS CESSE...
ET, BIENTÔT, LES DEUX FUYARDS PERDENT TOUT ESPOIR DE S'ÉCHAPPER...
JE CROIS COMMANDANT MORANE, QUE CETTE FOIS NOUS SOMMES CUITS.
NOUS SOMMES PEUT-ÊTRE CUITS. POURTANT JE ME SENS FERMEMENT DÉCIDÉ A DÉFENDRE MA VIE..
ET MOI DONC! J'ASSOMMERAI BIEN UNE DOUZAINE DE CES PITHÉCANTHROPES AVANT DE ME LAISSER PRENDRE!
LE CHEF DES PAPOUS LANCE UN ORDRE.
...ET, INEXORABLEMENT, LE CERCLE DES PIROGUES SE REFERME SUR LES DEUX EUROPÉENS...

TOUT A COUP, UN DES ASSAILLANTS SE DRESSE, EN PROIE À LA PLUS ÉVIDENTE FRAYEUR...
...ET LES PAPOUS FUIENT A TOUTES PAGAIES.
?!
!
SI JE COMPRENDS POURQUOI ILS SE METTENT À FUIR AINSI COMME DES LAPINS! TIENS, UN BRUIT DE MOTEUR!...
10
LA NAVY! HURRAH! NOUS SOMMES SAUVÉS!
SERGENT WINGATE, DU DRAGUEUR "NELSON" NOUS ÉTIONS DESCENDUS À TERRE POUR FAIRE DE L'EAU POTABLE À LA SUITE D'UNE FUITE DU RÉSERVOIR. EN REGAGNANT LE BORD, NOUS VOUS AVONS APERÇUS...
ON PEUT DIRE QUE VOUS NOUS AVEZ TIRÉ LÀ D'UN BIEN MAUVAIS PAS, SERGENT. POUVEZ-VOUS ME CONDUIRE SANS RETARD AUPRÈS DE VOTRE COMMANDANT? J'AI UNE REQUÊTE DE LA PLUS HAUTE IMPORTANCE À FORMULER...
À LA DEMANDE DE MORANE, LA VEDETTE REGAGNE SANS RETARD LE VAISSEAU.
À BORD DU NELSON
D'APRÈS LE SERGENT WINGATE, VOUS AURIEZ UNE REQUÊTE URGENTE À FORMULER?
EN EFFET, SIR. JE VOUDRAIS VOUS DEMANDER L'AUTORISATION D'ADRESSER SANS RETARD UN MESSAGE AU MAJOR BRIGGS!

VOUS VOULEZ PARLER DU MAJOR BRIGGS, DE LA BASE D'ESSAIS DE BORO-BORO ?... ET QUE LUI VOULEZ-VOUS ?
LUI DONNER DES NOUVELLES DE "L'OISEAU DE FEU"...
L'"OISEAU DE FEU"... QUE TOUTE LA FLOTTE D'EXTRÊME-ORIENT RECHERCHE DEPUIS PLUSIEURS SEMAINES ? NOUS ALLONS TOUT DE SUITE NOUS METTRE EN RAPPORT AVEC LE MAJOR BRIGGS ! MAIS, SI VOUS NOUS DÉRANGEZ POUR RIEN...
UNE DEMI-HEURE PLUS TARD DANS LE POSTE RADIO...
VOICI LA RÉPONSE DU MAJOR BRIGGS, COMMANDANT...
AMENER D'URGENCE COMMANDANT MORANE À BORO-BORO
BRIGGS
À TOUTE ALLURE, LE "NELSON" MET LE CAP SUR BORO-BORO.
M 511
ET QUELQUES JOURS APRÈS, UN MYSTÉRIEUX SOUS-MARIN ARRIVE EN VUE DE L'ÎLE OÙ LE REQUIN CHINOIS A ÉTABLI SON REPAIRE...
SURFACE !
À LA FAVEUR DE LA NUIT

ÊTES-VOUS CERTAIN, BOB QU'IL S'AGIT BIEN LÀ DE L'ÎLE OÙ VOUS AVEZ ÉTÉ RETENU PRISONNIER PAR CE TCHOU ?
ABSOLUMENT CERTAIN MAJOR... POUR QUE JE PUISSE PILOTER L'"OISEAU DE FEU", LES PIRATES ONT BIEN ÉTÉ FORCÉS DE M'EN PRÉCISER LA SITUATION SUR LA CARTE...
IL EST BIEN ENTENDU QUE L'OPÉRATION SERA MENÉE DE FAÇON À NE PAS LAISSER LE TEMPS AUX PIRATES DE MASSACRER MES AMIS. AVEC LES HOMMES-GRENOUILLES, MAJOR, VOUS PRENDREZ POSSESSION DE L'"OISEAU DE FEU". PENDANT CE TEMPS, J'ENVAHIRAI LE REPAIRE PAR VOIE DE TERRE...
PEU APRÈS...
LE TUNNEL SOUS-MARIN S'OUVRE JUSTE AU BAS DE CETTE FALAISE. BONNE CHANCE, MAJOR !
PENDANT QUE LES HOMMES-GRENOUILLES GAGNENT L'ENTRÉE DU TUNNEL...
...L'ÉQUIPE DE COMMANDOS, MENÉE PAR MORANE, S'APPRÊTE À ABORDER...

NOUS ALLONS TOUCHER TERRE ICI. L'ENTRÉE DU REPAIRE SE TROUVE DERRIÈRE CES COCOTIERS...
C'EST DANS CETTE MAISON QUE S'OUVRE LE PUITS PERMETTANT DE PÉNÉTRER DANS LE REPAIRE. JE VAIS M'OCCUPER DE LA SENTINELLE. QUAND LE CHEMIN SERA LIBRE, JE VOUS LE SIGNALERAI À L'AIDE DE MA TORCHE ÉLECTRIQUE...
QUI VA LÀ ?...

IL N'Y A PERSONNE... JE CROYAIS POURTANT AVOIR ENTENDU DU BRUIT...
TU NE T'ES PAS TROMPÉ, MON VIEUX, ET TU VAS BIENTÔT T'EN RENDRE COMPTE !
QU'EST-CE QUE..?
TOUT ME PARAÎT CALME. JE VAIS AVERTIR LES AUTRES...
VOILÀ LE SIGNAL ! NOUS POUVONS AVANCER...

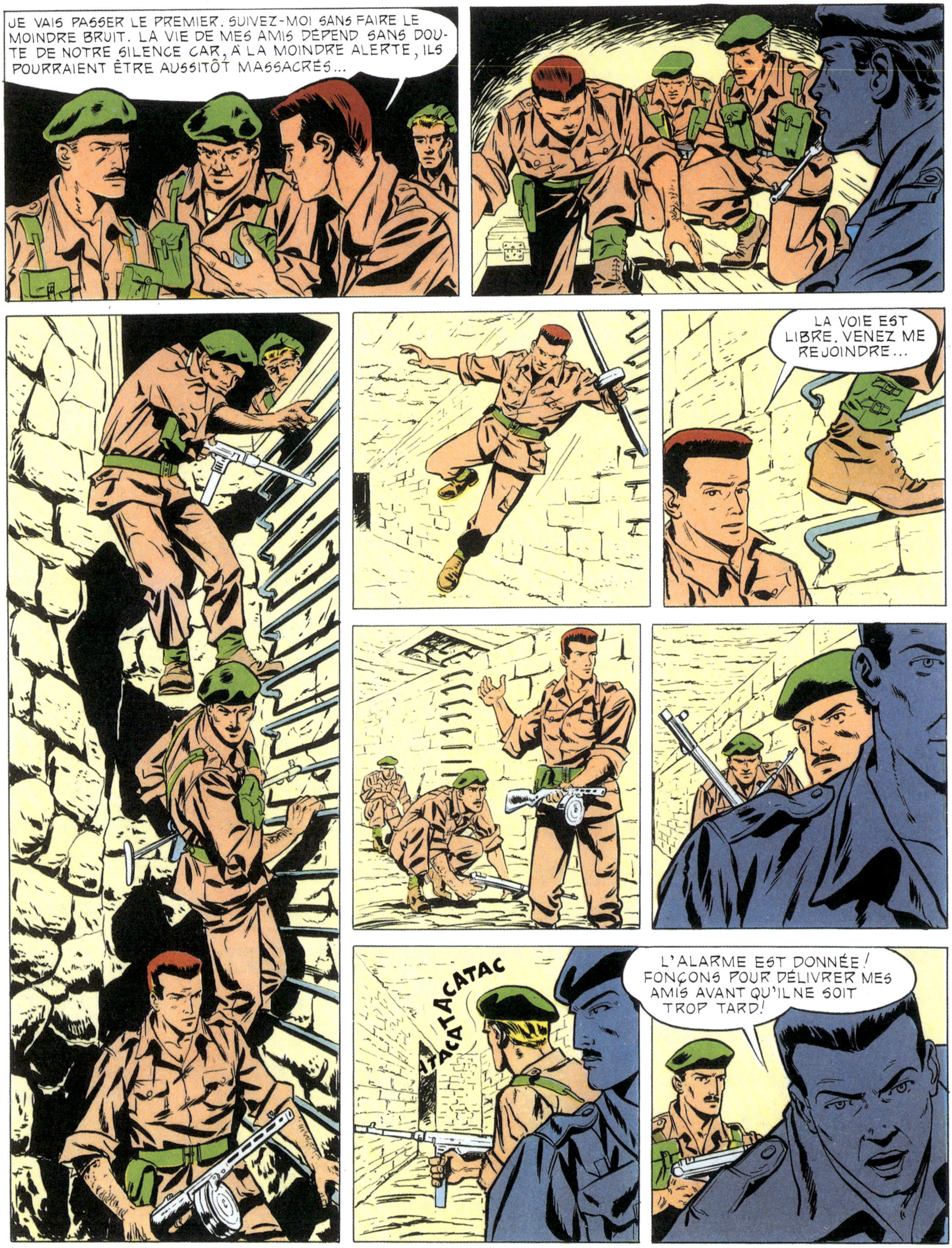
JE VAIS PASSER LE PREMIER. SUIVEZ-MOI SANS FAIRE LE MOINDRE BRUIT. LA VIE DE MES AMIS DÉPEND SANS DOUTE DE NOTRE SILENCE CAR, À LA MOINDRE ALERTE, ILS POURRAIENT ÊTRE AUSSITÔT MASSACRÉS...
LA VOIE EST LIBRE. VENEZ ME REJOINDRE...
TACATACATAC
L'ALARME EST DONNÉE ! FONÇONS POUR DÉLIVRER MES AMIS AVANT QU'IL NE SOIT TROP TARD !

MORANE ET SES COMMANDOS S'ÉLANCENT À TRAVERS LES COULOIRS...
JUSQU'AU MOMENT OÙ...
BZING
À SON TOUR, BOB OUVRE LE FEU...
TOUTE RÉSISTANCE EST INUTILE !!!... JETEZ VOS ARMES.
PRENEZ SOIN DE CE GIBIER DE POTENCE. JE VAIS M'OCCUPER DE MES AMIS...
BILL, PROFESSEUR!... ÊTES-VOUS LÀ?...
LE COMMANDANT!
BOB!
COUCHEZ-VOUS! JE VAIS FAIRESAUTER LA SERRURE...
TACATACATA
QUELLE JOIE DE VOUS REVOIR, BOB, NOUS VOUS CROYIONS MORT...
JE PENSAIS QUE VOUS AVIEZ PÉRI, TUÉ PAR LES PAPOUS! COMMENT...?

CE SERAIT TROP LONG À VOUS EXPLIQUER ! MAIS VOUS, QUE VOUS EST-IL ARRIVÉ DEPUIS MA ... DISPARITION ?
QUAND JE VOUS AI CRU MORT, J'AI, DE RETOUR ICI, REFUSÉ DE PILOTER L'"OISEAU DE FEU". ALORS, LE REQUIN CHINOIS NOUS A FAIT METTRE AU SECRET DANS CE CACHOT, JUSQU'À CE QUE JE CHANGE DE DÉCISION ...
LE REQUIN CHINOIS ! EN SE RENDANT COMPTE QUE SON REPAIRE ÉTAIT ENVAHI, IL A SANS DOUTE DONNÉ ORDRE À SENG DE VOUS ABATTRE. NOUS SOMMES ARRIVÉS JUSTE À TEMPS POUR L'EMPÊCHER !...
VENEZ, LIEUTENANT. IL NOUS FAUT AU PLUS VITE NOUS EMPARER DE CE FORBAN ...
TCHOU, SE VOYANT DÉCOUVERT, S'ENFUIT ...
MAIS ...
?!
CE COULOIR EST SANS ISSUE ! NOUS LE TENONS !

BOB S'ÉLANCE SUR LES TRACES DU REQUIN CHINOIS...
IL N'Y A PLUS QU'UNE VINGTAINE DE MÈTRES DE GALERIE APRÈS CE COUDE. IL EST PRIS COMME DANS UN PIÈGE! RENDEZ-VOUS, TCHOU! VOUS N'AVEZ AUCUNE CHANCE, ET VOUS LE SAVEZ!
VENEZ DONC ME PRENDRE, SI VOUS L'OSEZ COMMANDANT MORANE!
CE NE SERA PAS LA PEINE D'Y ALLER! J'AI LÀ DE QUOI LE FAIRE SORTIR...
NON, PAS DE GRENADE. IL FAUT LE PRENDRE VIVANT!
NE CRAIGNEZ RIEN. C'EST UNE SIMPLE GRENADE FUSANTE. ELLE LUI FERA PLUS DE PEUR QUE DE MAL...
L'EXPLOSION ÉBRANLE LES PROFONDEURS DU SOUTERRAIN.
LA MÉTHODE DU LIEUTENANT DEVAIT SE RÉVÉLER EFFICACE...
VOILÀ UN REQUIN CHINOIS QUI FAIT BIEN PIÈTRE FIGURE, N'EST-CE PAS LIEUTENANT?
IL FORCERAIT UN VRAI REQUIN À S'ÉTOUFFER DE RIRE, ET IL EST BIEN CONNU QUE CES ANIMAUX-LÀ N'ONT PAS LE SENS DE L'HUMOUR...
MARCHEZ DEVANT, MONSIEUR LE REQUIN CHINOIS. NOUS ALLONS VOUS OFFRIR UNE JOLIE PAIRE DE BRACELETS D'ACIER...

NOUS NOUS RETROUVERONS, SOYEZ SANS CRAINTE, COMMANDANT MORANE...
BIEN SÛR, QUAND VOUS SORTIREZ DE PRISON, SI VOUS EN SORTEZ JAMAIS. ET J'ESPÈRE QU'ALORS VOUS SEREZ DANS UNE TENUE PLUS DÉCENTE, POUR QUE NOUS PUISSIONS PARLER ENTRE GENTLEMEN...
AINSI, TOUT FINIT POUR LE MIEUX. NOUS AVONS RÉCUPÉRÉ L'"OISEAU DE FEU", ET LES PIRATES ONT TOUS ÉTÉ MIS HORS D'ÉTAT DE NUIRE. TOUT CELA GRÂCE À VOUS. UN MOMENT POURTANT, J'AI BIEN CRU QU'IL Y AURAIT DU GRABUGE, QUAND UN DE CES FORBANS EST APPARU ET A OUVERT LE FEU SUR NOUS, DONNANT AINSI L'ALARME.
SI CETTE ALARME AVAIT ÉTÉ DONNÉE UN PEU PLUS TÔT, TOUT AURAIT PEUT-ÊTRE ÉTÉ PERDU, MAIS VOS HOMMES ET MOI AVONS PU AGIR ASSEZ RAPIDEMENT POUR SAUVER BILL ET LE PROFESSEUR, ET NOUS EMPARER DE TCHOU.
IL ME RESTE ENCORE À VOUS DEMANDER UNE FAVEUR, BOB, C'EST DE RAMENER L'"OISEAU DE FEU" À BORO-BORO, PUISQUE VOUS SEUL ET BILL, ÊTES CAPABLES DE LE PILOTER. LE PILOTE QUI DOIT REMPLACER CRAWFORD ARRIVERA DANS QUELQUES JOURS SEULEMENT...
NOUS RAMÈNERONS L'"OISEAU DE FEU" À SA BASE. ENSUITE JE REGAGNERAI PARIS POUR Y RETROUVER MES LIVRES ET MES PANTOUFLES.
ET MOI L'ÉCOSSE, AFIN D'ALLER JETER UN COUP D'ŒIL SUR MES ÉLEVAGES DE POULETS...
ON AURAIT DÉCOUVERT DE TRÈS VIEILLES RUINES AUX PÔLE SUD. JE VAIS M'Y RENDRE AVANT QUE D'AUTRES CHERCHEURS NE ME DEVANCENT!
J'AURAIS BESOIN DE QUELQUES COLLABORATEURS QUI...
DE VIEILLES RUINES... À EXPLORER, ET AU PÔLE SUD ENCORE! ... QU'EN PENSES-TU, BILL?
CE QUE J'EN PENSE, COMMANDANT? QU'IL EST FORT PROBABLE QUE NOUS ALLIONS FAIRE UN PETIT TOUR DANS L'ANTARCTIQUE, TOUT SIMPLEMENT...
MAIS, AVOUEZ QUE, SOUVENT, SI LES ENNUIS VIENNENT À NOTRE RENCONTRE, NOUS NE FAISONS RIEN NON PLUS POUR LES ÉVITER!...
FIN

bob morane

et LE SECRET de L'ANTARCTIQUE

Prépublication dans *Femmes d'Aujourd'hui* en 1959 et 1960.
Première édition Marabout en 1962 (60 planches).

CETTE NUIT-LÀ, TOUT LE MONDE DORMAIT DANS LA BASE AMÉRICAINE DE "LITTLE AMERICA" AU PÔLE SUD. TOUT LE MONDE SAUF...
UN AVION INCONNU APPROCHE, SAM...
NOUS N'ALLONS PAS TARDER À CONNAÎTRE SON IDENTITÉ. VOILÀ QU'IL SE MET EN RAPPORT AVEC NOUS...
CEPENDANT, DANS L'AVION...
RXM 22 À LITTLE AMERICA.. NOUS PRÉPARONS À ATTERRIR... OVER.
C'EST LE RXM 22. SON ARRIVÉE NOUS A ÉTÉ SIGNALÉE PAR L'AMIRAUTÉ. IL FAUT AVERTIR LES ÉQUIPES DE BALISAGE...
TOUT EST-IL O.K. BILL ?
TOUT EST O.K. COMMANDANT. NOTRE ARRIVÉE A ÉTÉ SIGNALÉE ET L'ON EST EN TRAIN DE BALISER LA PISTE...
AVEZ-VOUS RÉUSSI A CONTACTER LA BASE, BILL ?
VOUS ÊTES EN RETARD, PROFESSEUR... RASSUREZ-VOUS. NOUS SOMMES SUR LE CHEMIN DE VOTRE MYSTÉRIEUSE CITÉ DES GLACES. SI ELLE EXISTE !
C'EST JUSTEMENT POUR SAVOIR SI ELLE EXISTE QUE NOUS ENTREPRENONS CETTE EXPÉDITION, BILL. NE L'OUBLIEZ PAS...
NE FAITES PAS ATTENTION À CE QUE DIT BILL, PROFESSEUR. VOUS SAVEZ BIEN QU'IL EST INCRÉDULE PAR PRINCIPE !...

NOUS APPROCHONS. J'APERÇOIS LES LUMIÈRES DU BALISAGE...
PETITE AMÉRIQUE, NOUS VOICI ! MAIS IL S'AGIT D'ATTERRIR EN DOUCEUR, COMMANDANT, POUR NE PAS ABÎMER LE BEAU COUCOU QUE NOUS DEVONS À LA GÉNÉROSITÉ DE NOTRE AMI FRANK...
FAIS-MOI CONFIANCE, MON VIEUX BILL ET CESSE DE M'APPELER "COMMANDANT".
COMPRIS... COMMANDANT !
L'AVION SE POSE SUR LE SOL...
KRIIISSSS
SOYEZ LE BIENVENU À *LITTLE AMERICA*, COMMANDANT MORANE. J'AI ORDRE DE VOUS CONDUIRE SANS RETARD, VOS AMIS ET VOUS, DEVANT LE COLONEL WHITE QUI COMMANDE LA BASE...
VEUILLEZ ENTRER, MESSIEURS. LE COLONEL WHITE VA VOUS RECEVOIR...
RAVI DE VOUS CONNAÎTRE, COMMANDANT MORANE, ET VOUS AUSSI MESSIEURS... VEUILLEZ VOUS ASSEOIR...
J'AI REÇU DES INSTRUCTIONS À VOTRE SUJET, ET IL ME FAUT, HÉLAS ! VOUS AIDER À ATTEINDRE LES MONTAGNES HURLANTES...
POURQUOI "HÉLAS", COLONEL ?
POURQUOI ? PARCE QUE PLUSIEURS HOMMES ONT VOULU GAGNER LES MONTAGNES HURLANTES AVANT VOUS ET QU'*AUCUN D'ENTRE EUX N'EN EST REVENU* !...

VOUS DITES, COLONEL WHITE, QUE JAMAIS PERSONNE N'EST REVENU DES MONTAGNES HURLANTES? LE TEMPS EST BEAU, NOTRE APPAREIL BIEN ÉQUIPÉ, CE SERA JUSTE UNE PETITE BALADE...
VOUS PARLEZ D'UNE PETITE BALADE! ET POURQUOI? POUR DÉCOUVRIR LA FAMEUSE CITÉ DES GLACES. TOUT LE MONDE ICI EN A ENTENDU PARLER. JUSTE UN CHAMP DE SÉRACS!
UN CHAMP DE SÉRACS? CE N'EST PAS LA PREMIÈRE FOIS QUE L'ON SURVOLE UN CHAMP DE SÉRACS, COLONEL, ET L'ON N'A JAMAIS PRIS CES SÉRACS POUR DES RUINES!...
VOUS NE CONNAISSEZ PAS LE PÔLE SUD! C'EST LE PAYS DES MIRAGES...
PAYS DES MIRAGES OU NON, COLONEL, QUAND IL Y A DE VIEILLES RUINES QUELQUE PART, JE LES SENS À DISTANCE!..
CE SERA COMME VOUS VOUDREZ, MESSIEURS. DE TOUTE FAÇON, JE NE PUIS M'OPPOSER À VOTRE DÉPART. MR. FRANK REEVES, LE MILLIARDAIRE QUI FINANCE VOTRE EXPÉDITION, EST TROP PUISSANT ET LES ORDRES REÇUS DE WASHINGTON SONT FORMELS...
... IL ME FAUT TOUT METTRE EN ŒUVRE POUR VOUS AIDER. QUAND COMPTEZ-VOUS PARTIR?
LE PLUS TÔT POSSIBLE, COLONEL...
LES PRÉPARATIFS DU DÉPART SONT AUSSITÔT POUSSÉS.
POUVEZ-VOUS NOUS DIRE, COLONEL, POURQUOI L'ON APPELLE CES MONTAGNES LES MONTAGNES *HURLANTES*?
PARCE QUE LE VENT, EN S'Y ENGOUFFRANT, PRODUIT DES BRUITS SEMBLABLES À DES HURLEMENTS PRODIGIEUSEMENT AMPLIFIÉS.
BAH! CES HURLEMENTS NE PEUVENT FAIRE DE MAL À PERSONNE. SI CES MONTAGNES VEULENT À TOUT PRIX HURLER, NOUS CRIERONS PLUS FORT QU'ELLES!
TOUT EST PRÊT POUR LE DÉPART, MESSIEURS.
EH! BIEN! PUISQU'IL N'Y A RIEN À FAIRE POUR VOUS EMPÊCHER DE PARTIR, IL NE ME RESTE PLUS QU'À VOUS SOUHAITER BONNE CHANCE!

À BIENTÔT, COLONEL, ET MERCI POUR VOTRE AIDE !
PENDANT DES HEURES, L'AVION DES TROIS EXPLORATEURS DEVAIT SURVOLER LA PLAINE GLACÉE.
RXM22
SERIONS-NOUS ARRIVÉS ?
TOUTES LES COORDONNÉES SONT EXACTES. IL N'Y A PAS DE DOUTE. CE SONT BIEN LES MONTAGNES HURLANTES.
BRAVO ! BIENTÔT JE SAURAI À QUOI M'EN TENIR SUR CETTE MYSTÉRIEUSE CITÉ DES GLACES !
UN COUP DE BLIZZARD ! GAGNONS LES MONTAGNES AU PLUS VITE POUR TROUVER REFUGE AU FOND D'UNE VALLÉE...
REGARDE BILL ! UN AVION ! UN AUTRE ! ET ILS ONT DRÔLE D'ALLURE ! JE NE SAIS POURQUOI J'AI CETTE IMPRESSION, MES AMIS, MAIS ON DIRAIT QUE ÇA SE GÂTE... !

ILS NOUS ATTAQUENT!
TENEZ-VOUS BIEN, TOUS! JE VAIS ESSAYER DE LES SEMER...
LES APPAREILS INCONNUS FONT FEU SUR L'AVION DES FUYARDS!
PLOF
PLOF
PLOF
VOILÀ QU'ILS NOUS CANARDENT! JAMAIS VU DES PROJECTILES PAREILS! C'QUE C'ÉTAIT À VOTRE AVIS, COMMANDANT?
AUTRE CHOSE À FAIRE QU'À PENSER À CELA, BILL!
JE VAIS ESSAYER DE ME GLISSER DANS CE GOULET. À CAUSE DE LEUR VITESSE, ILS NE POURRONT NOUS SUIVRE...
J'AI L'IMPRESSION, BOB, QU'ILS NOUS ONT PERDUS..
OUI, PROFESSEUR, ILS NOUS ONT PERDUS. MAIS NOUS NOUS SOMMES PERDUS AUSSI! PLUS MOYEN DE RIEN VOIR DANS CE BLIZZARD!.. JE VAIS ESSAYER D'ATTERRIR..

LÀ, COMMANDANT ! JE CROIS QUE VOUS RÉUSSIREZ À VOUS POSER... AVEC UN PEU DE CHANCE...
JE VAIS RISQUER LE COUP ! ACCROCHEZ-VOUS...
RXM22
SOUDAIN !.. L'IMPRÉVISIBLE SE PASSE !...
CRAC
PAS DE MAL, MES AMIS ?
PAS DE MAL, BOB.
PAS DE MAL NON PLUS COMMANDANT... N'EMPÊCHE QUE POUR UNE GLISSADE, C'ÉTAIT UNE GLISSADE !
NOUS SOMMES TOUS TROIS VIVANTS ET CELA SEUL IMPORTE. ATTENDONS LA FIN DE LA TEMPÊTE POUR ALLER NOUS RENDRE COMPTE DES AVARIES.
ATTENDRE LA FIN DE LA TEMPÊTE ! LA PROCHAINE FOIS QUE JE VIENDRAI DANS LE COIN, COMMANDANT, J'APPORTERAI UN JEU D'ÉCHECS !...

PENDANT DES HEURES, LA TOURMENTE FAIT RAGE, POUR SE CALMER ENSUITE BRUSQUEMENT...
LE BLIZZARD A CESSÉ. NOUS ALLONS POUVOIR SORTIR...
FAUDRA PAS ME LE DIRE DEUX FOIS, COMMANDANT! DEPUIS DES HEURES QUE CETTE MAUDITE TEMPÊTE DURE, JE ME DÉROUILLERAI LES JAMBES AVEC PLAISIR!
HEUREUSEMENT, L'AVARIE N'EST PAS GRAVE... AVEC DE PUISSANTS CRICS ET APRÈS AVOIR DÉCHARGÉ L'AVION, NOUS PARVIENDRONS SANS TROP DE MAL À REDRESSER LE TRAIN D'ATTERRISSAGE. MAIS VOILÀ, NOUS N'AVONS PAS DE CRICS...
IL NOUS SUFFIRA D'EN DEMANDER PAR RADIO A *LITTLE AMERICA*. ON NOUS PARACHUTERA LE MATERIEL NÉCESSAIRE...
POURQUOI NE PAS GRIMPER, AVANT TOUT AU SOMMET DE CETTE COLLINE. DE LÀ, À L'AIDE DE NOS JUMELLES, NOUS APERCEVRONS PEUT-ÊTRE LA CITÉ DES GLACES...
LA CITÉ DES GLACES! APRÈS L'AGRESSION DONT NOUS VENONS D'ÊTRE VICTIMES, JE CROIS, PROFESSEUR, QU'IL SERAIT SAGE DE SONGER À AUTRE CHOSE...
AU CONTRAIRE, BILL, JE NE FAIS QUE PENSER À LA CITÉ DES GLACES. APRÈS TOUT NOUS SOMMES VENUS ICI POUR LA DÉCOUVRIR, ET MAINTENANT QUE NOUS N'EN SOMMES PLUS BIEN LOIN...
LE PROFESSEUR A RAISON, BILL. IL NOUS FAUDRA UNE HEURE À PEINE POUR GAGNER LE SOMMET DE CETTE MONTAGNE ET VOIR CE QUI SE PASSE AU DELÀ. PUISQUE, TOUT À L'HEURE, TU VOULAIS TE DÉROUILLER LES JAMBES, EN ROUTE!
APRÈS S'ÊTRE ÉQUIPÉS, LES EXPLORATEURS SE SONT MIS EN ROUTE...
APERCEVEZ-VOUS QUELQUE CHOSE, BOB?

NE SOYEZ PAS AUSSI IMPATIENT, PROFESSEUR...
DURANT DE LONGUES MINUTES, MORANE INSPECTE AVEC SOIN LA PLAINE GLACÉE...
QUAND SOUDAIN...
JE CROIS ENFIN AVOIR TROUVÉ QUELQUE CHOSE !...
PASSEZ-MOI LES JUMELLES, BOB...
IL N'Y A PAS À DOUTER, IL DOIT S'AGIR LÀ DE LA CITÉ DES GLACES ! MAIS...
... ON DIRAIT QUE, SOUS LA GLACE, APPARAISSENT DES MURS DE PIERRE !...
LAISSEZ-MOI VOIR, PROFESSEUR...
CE SONT BIEN DES MURS DE PIERRE, EN EFFET. DEMAIN, NOUS IRONS JETER UN COUP D'ŒIL DE PLUS PRÈS.
CROYEZ-VOUS COMMANDANT, QU'IL SOIT PRUDENT DE NOUS ÉLOIGNER ? IL SE PASSE D'ÉTRANGES CHOSES PAR ICI...
POURQUOI NOUS INQUIÉTER, BILL ? NOS AGRESSEURS NE SE SONT PLUS MANIFESTÉS, ET RIEN N'INDIQUE QU'ILS REPARAISSENT.
LA CITÉ DES GLACES ! NOUS AVONS DÉCOUVERT LA CITÉ DES GLACES !
LE LENDEMAIN, BOB ET SES COMPAGNONS SE METTENT EN ROUTE VERS LES MYSTÉRIEUSES RUINES.

DURANT PLUSIEURS HEURES, LES EXPLORATEURS DEVAIENT MARCHER À TRAVERS LA PLAINE GLACÉE...
COURAGE, MES AMIS. NOUS NE SOMMES PLUS LOIN DU BUT À PRÉSENT.
BIENTÔT, BOB ET SES AMIS PEUVENT CONTEMPLER À LOISIR LES ÉTRANGES RUINES...
EH BIEN PROFESSEUR, NOUS Y VOILÀ ENFIN À VOTRE CITÉ DES GLACES! SI VOUS VOULEZ MON AVIS, ELLE N'A RIEN DE BIEN FOLICHON...
REGARDEZ, PROFESSEUR, ON DIRAIT DES MOELLONS RECOUVERTS DE GLACES!
CE SONT BIEN DES MOELLONS! CECI EST UN MUR! UN MUR ÉLEVÉ PAR DES MAINS HUMAINES!
JE VAIS TOUT DE SUITE ME METTRE AU TRAVAIL...
CLAC! CLAC!
ALLONS, VOILÀ NOTRE AMI EMBALLÉ À NOUVEAU POUR SES VIEILLES PIERRES...
QUE VOULEZ-VOUS, COMMANDANT? IL FAUT BIEN QUE JEUNESSE SE PASSE!

CLAC! CLAC!
VENEZ VOIR!...
VOYEZ CE SIGNE...
UN CERCLE BARRÉ D'UN DIAMÈTRE, AVEC UN M À L'INTÉRIEUR. C'EST LÀ LE SYMBOLE DE LA VIEILLE CIVILISATION DE MU.
VOUS NE VOUS RENDEZ PAS COMPTE DE LA DÉCOUVERTE QUE NOUS VENONS DE FAIRE! VOUS NE VOUS RENDEZ PAS COMPTE!...
VOUS NE VOUS RENDEZ PAS COMPTE!
VOUS NE VOUS RENDEZ PAS COMPTE!
QUE LUI ARRIVE-T-IL COMMANDANT?
LE CONTINENT DISPARU DE MU EST LA MAROTTE DE NOTRE AMI LE PROFESSEUR. CHAQUE FOIS QU'IL RENCONTRE UN VESTIGE QUELCONQUE, IL ENTRE EN TRANSE!
UNE NOUVELLE CITÉ DE MU... J'AI DÉCOUVERT UNE NOUVELLE CITÉ DE MU!
REJOIGNONS-LE, BILL, AVANT QU'IL NE SE PERDE DANS CE LABYRINTHE DE GLACE...
ET, TOUT À COUP...
...LE PROFESSEUR DISPARAÎT, COMME HAPPÉ PAR LE SOL QUI S'EST OUVERT SOUS LUI!...

PROFESSEUR!... PROFESSEUR!...
PROFESSEUR!... RÉPONDEZ-NOUS...
JE SUIS SAIN ET SAUF. VENEZ ME REJOINDRE. J'AI DÉCOUVERT QUELQUE CHOSE...
NOUS Y ALLONS, COMMANDANT?
NE CRAIGNEZ RIEN. IL SUFFIT DE VOUS LAISSER GLISSER.
J'Y VAIS! PUISQUE LE PROFESSEUR L'AFFIRME, NOUS NE RISQUONS RIEN. SUIS-MOI, BILL...
MORANE A DISPARU DANS LE TROU, BALLANTINE S'Y GLISSE À SON TOUR...
AU BOUT DE QUELQUES SECONDES À PEINE, CETTE BRÈVE CHUTE PREND FIN...
SOYEZ LES BIENVENUS DANS MON NOUVEAU ROYAUME, MES AMIS!...
AH! ÇA, PROFESSEUR, VOUS EXPLIQUEREZ-VOUS?
OUI, PROFESSEUR... LE COMMANDANT ET MOI NE GOÛTONS GUÈRE CE GENRE DE PLAISANTERIE...

OÙ SOMMES-NOUS DONC TOMBÉS?
SANS DOUTE DANS QUELQUE DÉPENDANCE SOUTERRAINE DE CETTE VILLE MORTE.
AUCUN DOUTE, NOUS AVONS ATTEINT UNE CITÉ AYANT JADIS FAIT PARTIE DE L'EMPIRE MU.
UNE GALERIE! J'AIMERAIS SAVOIR OÙ ELLE CONDUIT.
ALLONS JETER UN COUP D'ŒIL...
PENDANT UN QUART D'HEURE ENVIRON, LES EXPLORATEURS PROGRESSENT DANS LE SOUTERRAIN...
MINCE! ON DIRAIT UNE CATHÉDRALE!
ET SOUTERRAINE ENCORE!
PROBABLEMENT UN ANCIEN TEMPLE SECRET.
CETTE IDOLE NE RESSEMBLE À AUCUNE AUTRE CONNUE. NOUS NE POUVONS DOUTER ÊTRE EN PRÉSENCE D'UN ANCIEN DIEU DES MUVIANS!...
QU'EST-CE QUE C'EST?
YOUK! YOUK!

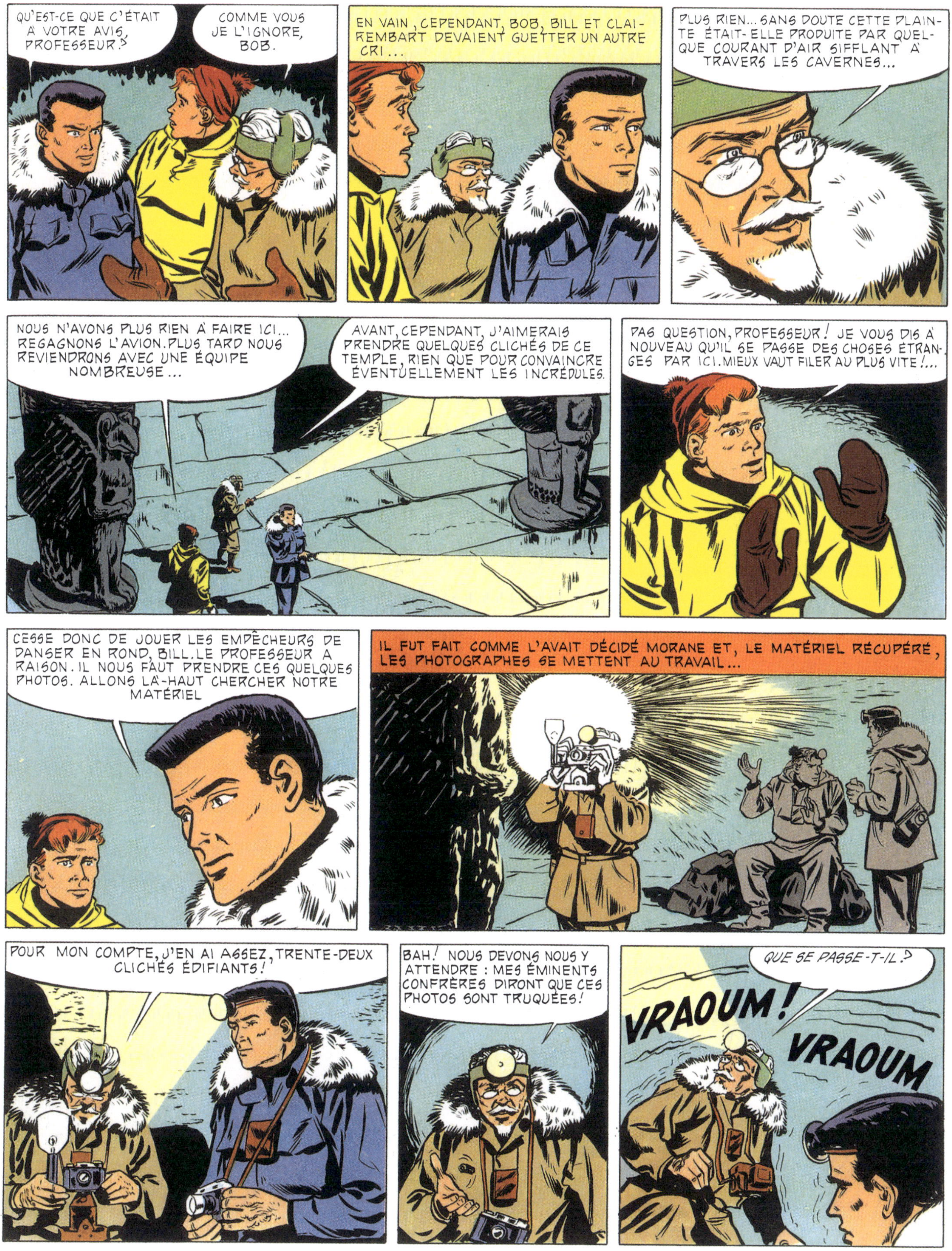
QU'EST-CE QUE C'ÉTAIT À VOTRE AVIS, PROFESSEUR ?
COMME VOUS JE L'IGNORE, BOB.
EN VAIN, CEPENDANT, BOB, BILL ET CLAIREMBART DEVAIENT GUETTER UN AUTRE CRI...
PLUS RIEN... SANS DOUTE CETTE PLAINTE ÉTAIT-ELLE PRODUITE PAR QUELQUE COURANT D'AIR SIFFLANT À TRAVERS LES CAVERNES...
NOUS N'AVONS PLUS RIEN À FAIRE ICI... REGAGNONS L'AVION. PLUS TARD NOUS REVIENDRONS AVEC UNE ÉQUIPE NOMBREUSE...
AVANT, CEPENDANT, J'AIMERAIS PRENDRE QUELQUES CLICHÉS DE CE TEMPLE, RIEN QUE POUR CONVAINCRE ÉVENTUELLEMENT LES INCRÉDULES.
PAS QUESTION, PROFESSEUR ! JE VOUS DIS À NOUVEAU QU'IL SE PASSE DES CHOSES ÉTRANGES PAR ICI. MIEUX VAUT FILER AU PLUS VITE !...
CESSE DONC DE JOUER LES EMPÊCHEURS DE DANSER EN ROND, BILL. LE PROFESSEUR A RAISON. IL NOUS FAUT PRENDRE CES QUELQUES PHOTOS. ALLONS LÀ-HAUT CHERCHER NOTRE MATÉRIEL
IL FUT FAIT COMME L'AVAIT DÉCIDÉ MORANE ET, LE MATÉRIEL RÉCUPÉRÉ, LES PHOTOGRAPHES SE METTENT AU TRAVAIL...
POUR MON COMPTE, J'EN AI ASSEZ, TRENTE-DEUX CLICHÉS ÉDIFIANTS !
BAH ! NOUS DEVONS NOUS Y ATTENDRE : MES ÉMINENTS CONFRÈRES DIRONT QUE CES PHOTOS SONT TRUQUÉES !
QUE SE PASSE-T-IL ?
VRAOUM !
VRAOUM

UNE SECOUSSE SOUTERRAINE FAIT FRÉMIR LE TEMPLE TOUT ENTIER...
VRAOUM VRAOUM
...POUR CESSER BIENTÔT.
C'ÉTAIT UN TREMBLEMENT DE TERRE !...
FUYONS AVANT QU'IL NE SOIT TROP TARD...
FILONS MAINTENANT !
À PEINE MORANE A-T-IL PARLÉ, QUE LE SOL TREMBLE A NOUVEAU.
VRAOUM ! VRAOUM !
QUAND LE CALME EST REVENU.
RIEN DE CASSÉ, LES AMIS ?
INTACTS ? OUI IL ME SEMBLE.
...ET C'EST BIEN PAR MIRACLE...
LÀ !...REGARDEZ !...LA GALERIE PAR LAQUELLE NOUS SOMMES VENUS... ELLE EST OBSTRUÉE !...

RIEN À FAIRE, IL NOUS FAUDRAIT TRAVAILLER PENDANT DES SEMAINES POUR DÉBLAYER CELA. NOUS ALLONS DEVOIR CHERCHER UNE AUTRE ISSUE...
AH! SI VOUS AVIEZ VOULU M'ÉCOUTER! J'AVAIS BIEN DIT QUE CELA TOURNERAIT MAL...
CALME-TOI, MON VIEUX BILL. REGARDER EN ARRIÈRE NE SERT À RIEN. EN SUIVANT UNE AUTRE GALERIE, NOUS PARVIENDRONS PEUT-ÊTRE À REGAGNER L'AIR LIBRE...
VOUS AVEZ RAISON, COMMANDANT. LA COLÈRE ET LES REGRETS NE SERVENT À RIEN. CHERCHONS PLUTÔT À NOUS TIRER DE CE MAUVAIS PAS...
POUR LAQUELLE DE CES TROIS GALERIES NOUS DÉCIDONS-NOUS? POUR CELLE DE GAUCHE, DE DROITE, OU CELLE DU CENTRE?
L'UNE OU L'AUTRE, C'EST PAREIL. DE TOUTE FAÇON, NOUS ARRIVERONS DIRECTEMENT EN ENFER...
PRENONS CELLE DE DROITE. NOUS VERRONS BIEN OÙ ELLE NOUS CONDUIRA...
SUIVEZ-MOI. ET SURTOUT NE NOUS PERDONS PAS DE VUE.
ET DIRE QUE J'AI TOUJOURS DÉTESTÉ CE GENRE DE PROMENADE SOUTERRAINE... ME VOILÀ SERVI!...
SI LES HABITANTS DE CES CAVERNES - S'IL Y EN A... - SONT AUSSI MONSTRUEUX QUE CES STATUES, CELA PROMET DU PLAISIR!...
ET LA MARCHE SE POURSUIT, INLASSABLEMENT, DANS LES ENTRAILLES DU ROC...
... JUSQU'AU MOMENT OÙ...
LÀ-BAS, DE LA LUMIÈRE!...

LA LUMIÈRE DU JOUR ! LA LUMIÈRE DU JOUR !
DES CHAMPIGNONS LUMINEUX ! C'EST CELA VOTRE LUMIÈRE DU JOUR, BOB !
ET MOI QUI AI TOUJOURS DÉTESTÉ CES MOISISSURES DU DIABLE !
INUTILE DE NOUS ÉNERVER, BILL. CONTINUONS À AVANCER. NOUS FINIRONS BIEN PAR ARRIVER QUELQUE PART...
ET LES EXPLORATEURS REPRIRENT LEUR MARCHE À TRAVERS UN PAYSAGE DE FEERIE...
PENDANT DES HEURES ET DES HEURES, ILS CHEMINÈRENT AINSI, SUIVANT UN CHEMIN QUI S'ENFONÇAIT TOUJOURS PLUS PROFONDÉMENT DANS LES ENTRAILLES DE LA TERRE...
POURQUOI NOUS ENTÊTER COMMANDANT ? NOUS NE SORTIRONS JAMAIS DE CES MAUDITES CAVERNES...
IL NOUS FAUT NOUS ENTÊTER, AU CONTRAIRE...
QU'EST-CE QUE ÇA PEUT ÊTRE ? ON DIRAIT QUE DES CENTAINES DE MONSTRES NOUS GUETTENT, PRÊTS À SE JETER SUR NOUS POUR NOUS DÉVORER...
PRÉPARONS-NOUS À NOUS DÉFENDRE SI LE BESOIN S'EN FAIT SENTIR. IL NOUS FAUT FRANCHIR CE PONT, QUE CELA PLAISE OU NON À VOS MONSTRES, PROFESSEUR !...

CLAC
CLAC
CLAC
CLAC
LES VOILÀ ! ON DIRAIT UN VOL DE DÉMONS !
ELLES ATTAQUENT ! DÉFENDONS-NOUS !
CLAC
CLAC
DES CHAUVES-SOURIS GÉANTES !
CLAC
CLAC
PAN!
PAN
PAN
ELLES SONT TROP NOMBREUSES ! NOUS N'EN VIENDRONS JAMAIS À BOUT !
J'AI EMPORTÉ UN PISTOLET LANCE-FUSÉES ! COUVREZ-MOI PENDANT QUE JE LE CHARGE !

ELLES REVIENNENT !...
REFUGIONS-NOUS DANS CETTE FAILLE... ELLES NE POURRONT NOUS SUIVRE... PASSE-MOI TON PISTOLET, BILL, JE VAIS COUVRIR NOTRE RETRAITE...
PLAF
OUF ! IL ÉTAIT MOINS UNE...
PAS À DIRE, CES CAVERNES SONT UN COIN RÊVÉ POUR PASSER LES VACANCES... CES MAUDITES BESTIOLES N'ONT PAS GRAND-CHOSE À SE METTRE SOUS LA DENT...
CETTE FAILLE A L'AIR DE SE PROLONGER ASSEZ LOIN. SI NOUS LA SUIVIONS ?...
AUCUNE AUTRE SOLUTION NE S'OFFRE À NOUS, PROFESSEUR...
NE GARDONS QU'UNE SEULE LAMPE ALLUMÉE AFIN D'ÉCONOMISER NOS PILES...
ON DIRAIT QU'IL Y A UNE LUMIÈRE DEVANT NOUS ! SERAIT-CE CELLE DU JOUR ?
LA LUMIÈRE DU JOUR ? PARLEZ D'UNE PLAISANTERIE ! ENCORE CES MAUDITS CHAMPIGNONS...
PRENONS UNE DE CES GALERIES ET CONTINUONS À AVANCER... C'EST TOUT CE QUE NOUS AVONS À FAIRE POUR L'INSTANT...
NOUS MONTONS, C'EST BON SIGNE...
LÀ... JE VEUX BIEN ÊTRE PENDU PAR LES POUCES SI CE N'EST PAS SATAN EN PERSONNE...

RASSURE TOI, MON VIEUX BILL, CELA N'A RIEN À VOIR AVEC SATAN ! C'EST UN CRÂNE ET RIEN D'AUTRE. UN CRÂNE GIGANTESQUE...
JE PUIS MÊME VOUS CERTIFIER QU'IL S'AGIT D'UN CRÂNE DE TRICÉRATOPS SAURIEN GÉANT QUI VIVAIT À L'ÉPOQUE SECONDAIRE !
DÉCIDÉMENT, CES CAVERNES NOUS RÉSERVENT BIEN DES SURPRISES ! MAIS CONTINUONS NOTRE CHEMIN !..
ET, QUELQUES MINUTES PLUS TARD...
UN OSSUAIRE ! UN OSSUAIRE ANTÉDILUVIEN !
TOUS COMPTES FAITS, CET OSSUAIRE POURRAIT NE PAS ÊTRE AUSSI ANTÉDILUVIEN QUE CELA. CES RESTES ME PARAISSENT ÊTRE ÉTRANGEMENT EN BON ÉTAT DE CONSERVATION !
SANS DOUTE L'ATMOSPHÈRE EXTRÊMEMENT PURE DE CES CAVERNES LES A-T-ELLE PRÉSERVÉS.
SI NOUS NOUS REPOSIONS DURANT QUELQUES HEURES ? UN PEU DE SOMMEIL NE NOUS FERAIT PAS DE MAL...
DORMIR ICI, COMMANDANT ? BAH ! APRÈS TOUT, CES GROS PÈRES DÉCHARNÉS NE PEUVENT NOUS FAIRE DE MAL ! ET JE COMMENCE ÉGALEMENT À SENTIR LA FATIGUE...
APRÈS AVOIR PRIS UN FRUGAL REPAS...
...LES TROIS EXPLORATEURS S'ALLONGENT DANS LEURS SACS DE COUCHAGE POUR GOÛTER UN REPOS RÉPARATEUR...
YOUK! YOUK!
MAIS NOS AMIS DORMENT DEPUIS UNE HEURE À PEINE LORSQUE LE CRI MYSTÉRIEUX DÉJA ENTENDU PRÉCÉDEMMENT LES TIRE DE LEUR SOMMEIL.

EN OUVRANT LES YEUX, BOB ET SES COMPAGNONS DISTINGUENT D'ÉTRANGES STRUCTURES LUMINEUSES
EST-CE QUE JE RÊVE ? NON, CE N'EST PAS POSSIBLE, DES ÊTRES PAREILS, CELA N'EXISTE PAS...
LEURS SAGAIES ONT L'AIR D'ÊTRE BIEN RÉELLES EN TOUS CAS. MIEUX VAUT ÊTRE PRÊTS À NOUS DÉFENDRE...
MAIS DEVANT LE GESTE DE MORANE, LES TROIS ÉNIGMATIQUES CRÉATURES TOURNENT LES TALONS.
AVEZ-VOUS UNE IDÉE SUR L'IDENTITÉ DE CES ÊTRES, PROFESSEUR ?
C'ÉTAIENT DES HOMMES, ASSURÉMENT, MAIS FORT DÉGÉNÉRÉS... PEUT-ÊTRE S'AGIT-IL D'ANCIENS MUVIANS AYANT SURVÉCU AUX GRANDES CATASTROPHES GLACIAIRES QUI ONT DÉTRUIT LEURS CITÉS. ON PEUT AUSSI EXPLIQUER LA LUMINOSITÉ DE LEUR SYSTÈME NERVEUX PAR LE FAIT QU'ILS SE NOURRISSENT DE CHAMPIGNONS PHOSPHORESCENTS POUSSANT EN ABONDANCE DANS CES CAVERNES...
IL SERAIT PRUDENT DE REPRENDRE NOTRE ROUTE. QUI SAIT SI CES... YOUK-YOUK NE SONT PAS PARTIS CHERCHER DU RENFORT...
YOUK YOUK
YOUK YOUK YOUK YOUK YOUK YOUK YOUK YOUK YOUK YOUK
ILS NOUS POURSUIVENT. ESSAYONS DE LEUR ÉCHAPPER !

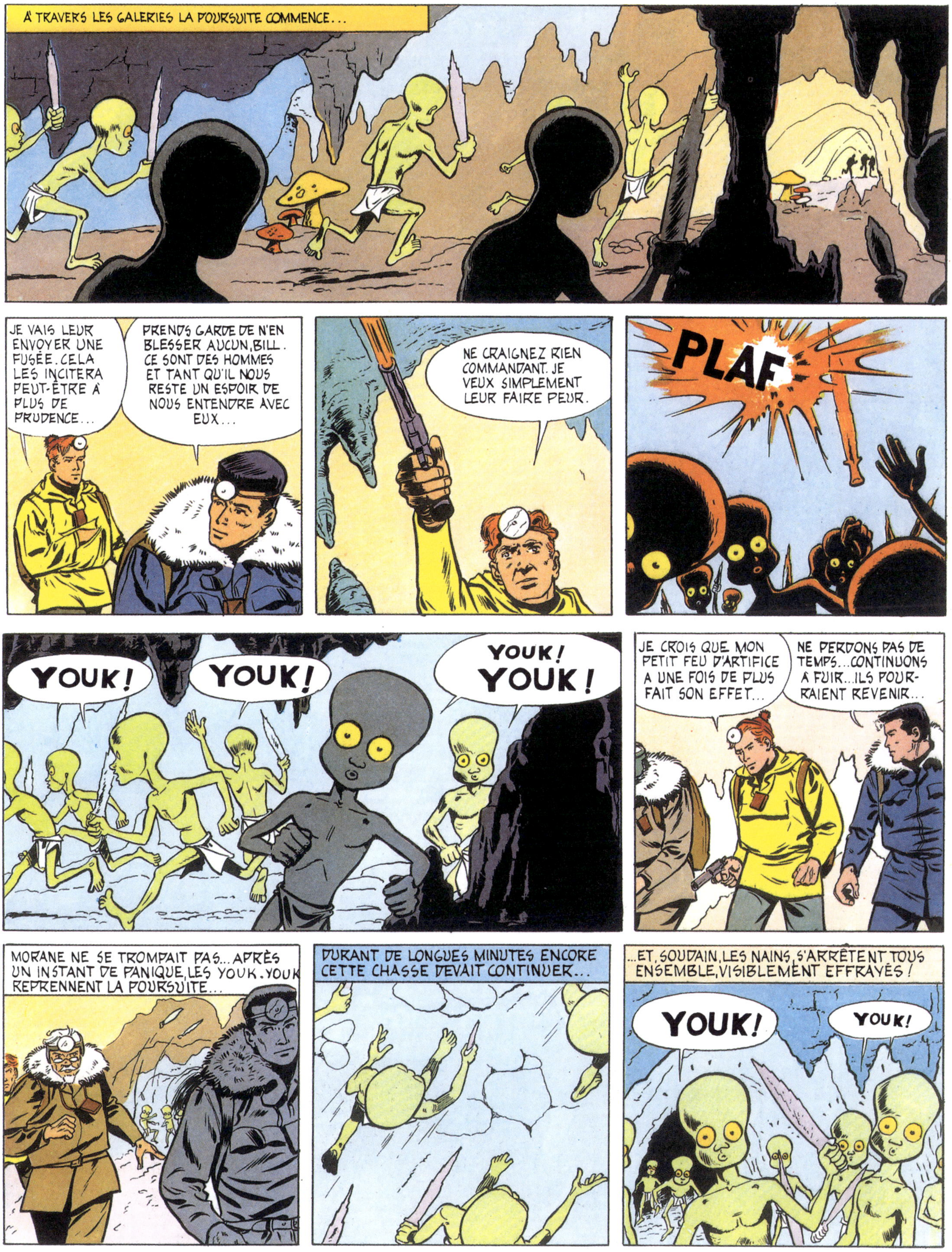
À TRAVERS LES GALERIES LA POURSUITE COMMENCE...
JE VAIS LEUR ENVOYER UNE FUSÉE. CELA LES INCITERA PEUT-ÊTRE À PLUS DE PRUDENCE...
PRENDS GARDE DE N'EN BLESSER AUCUN, BILL. CE SONT DES HOMMES ET TANT QU'IL NOUS RESTE UN ESPOIR DE NOUS ENTENDRE AVEC EUX...
NE CRAIGNEZ RIEN COMMANDANT. JE VEUX SIMPLEMENT LEUR FAIRE PEUR.
PLAF
YOUK!
YOUK!
YOUK! YOUK!
JE CROIS QUE MON PETIT FEU D'ARTIFICE A UNE FOIS DE PLUS FAIT SON EFFET...
NE PERDONS PAS DE TEMPS... CONTINUONS À FUIR... ILS POURRAIENT REVENIR...
MORANE NE SE TROMPAIT PAS... APRÈS UN INSTANT DE PANIQUE, LES YOUK-YOUK REPRENNENT LA POURSUITE...
DURANT DE LONGUES MINUTES ENCORE CETTE CHASSE DEVAIT CONTINUER...
...ET, SOUDAIN, LES NAINS S'ARRÊTENT TOUS ENSEMBLE, VISIBLEMENT EFFRAYÉS!
YOUK!
YOUK!

QUE SE PASSE-T-IL ? ILS ONT CESSÉ DE NOUS POURSUIVRE ! POURQUOI ?
PEU NOUS IMPORTE. CONTINUONS... PLUS DE DISTANCE NOUS METTRONS ENTRE EUX ET NOUS, MIEUX VAUDRA...
MAIS LES TROIS EXPLORATEURS ONT À PEINE FRANCHI QUELQUES MÈTRES QUE, SOUDAIN, PASSÉ UN COUDE DE LA GALERIE...
LÀ-BAS ! LA LUMIÈRE DU JOUR SANS DOUTE LES YOUK-YOUK NE PEUVENT-ILS LA SUPPORTER !
LA LUMIÈRE DU JOUR !
LA LUMIÈRE DU JOUR !
UNE IMMENSE SURPRISE ATTEND LES EXPLORATEURS...
CE N'EST PAS POSSIBLE ! EST-CE QUE JE RÊVE ?
C'EST DE LA MAGIE ! DE LA MAGIE !
SOUS EUX, S'ÉTENDAIT UNE LARGE VALLÉE AU FOND TAPISSÉ DE FORÊTS ET DE JUNGLES ÉPAISSES.
LA FORÊT TROPICALE ! ET NOUS SOMMES AU PÔLE SUD. COMMENT EXPLIQUER CELA ?
PEUT-ÊTRE LE POURRAI-JE...
JADIS, PENSE-T-ON, LE PÔLE SUD AURAIT JOUI D'UN CLIMAT CHAUD. LORS DES GRANDS CATACLYSMES, CETTE VALLÉE, À CAUSE DE SA SITUATION BASSE, DEMEURA SANS DOUTE ISOLÉE. PAR LA SUITE, GRÂCE À CES MURAILLES DE GLACE QUI LA DOMINENT ET REFRACTENT LES RAYONS CALORIFIQUES DU SOLEIL, ELLE CONTINUA À JOUIR D'UN CLIMAT TROPICAL, COMME PAR LE PASSÉ.
MAIS COMMENT SE FAIT-IL QUE, LE PÔLE SUD AYANT ÉTÉ SURVOLÉ EN TOUS SENS, CETTE VALLÉE N'AIT PAS ÉTÉ DÉCOUVERTE ?
SANS DOUTE À CAUSE DES NOMBREUSES SOURCES D'EAU CHAUDE. LA VAPEUR, EN SE CONDENSANT LÀ-HAUT, FORME DE PERPÉTUELLES NÉBULOSITÉS QUI, TOUT EN LAISSANT PASSER LES RAYONS CALORIFIQUES, BOUCHENT NÉANMOINS LA VUE.
EN NOUS AIDANT DES PLANTES ET DES RACINES, JE NE PENSE PAS QUE LA DESCENTE OFFRE TROP DE DIFFICULTÉS.
DIFFICULTÉS OU NON, IL NOUS FAUT DESCENDRE. NOUS NE POUVONS DEMEURER ÉTERNELLEMENT AU BORD DE CE TROU. MAIS, AVANT TOUT, ENLEVONS NOS PELISSES, ON SE CROIRAIT EN ENFER...
ET LA DESCENTE COMMENCE VERS CETTE VALLÉE MYSTÉRIEUSE, PLEINE D'ON NE SAIT QUELLES MENACES...

CES ARBRES ME PARAISSENT BIEN ÉTRANGES... JE NE DOIS PAS EN AVOIR VU DE SEMBLABLES DANS AUCUNE FORÊT DU MONDE...
MOI PAS DAVANTAGE. JE NE CROIS PAS ME TROMPER EN AFFIRMANT QUE CES ESPÈCES VÉGÉTALES DATENT DE L'ÉPOQUE SECONDAIRE...
L'ÉPOQUE SECONDAIRE ! MAZETTE, CELA FAIT UN BON BOUT DE TEMPS !
SECONDAIRE OU NON, IL NOUS FAUDRA NOUS EN ACCOMMODER MOMENTANÉMENT ET FAIRE DES PLANS POUR NOUS TIRER D'ICI.
EN ADMETTANT MÊME QUE NOUS RÉUSSISSIONS À ESCALADER LES FALAISES, NOUS NE SERIONS PAS PLUS AVANCÉS. PERDUS DANS L'IMMENSITÉ ARCTIQUE, NOUS SERIONS PROMIS À UNE MORT CERTAINE. CE QU'IL FAUDRAIT AVANT TOUT, C'EST TROUVER UN ENDROIT BIEN ABRITÉ, OÙ NOUS POURRIONS INSTALLER UN CAMPEMENT BIEN PROTÉGÉ. ENSUITE, CHERCHER UN MOYEN DE COMMUNIQUER AVEC LITTLE AMERICA...
ET SI NOUS NE LE TROUVONS PAS, CE MOYEN ?
IL NE NOUS RESTERA ALORS PLUS QU'À NOUS ORGANISER POUR SUBSISTER ICI... JUSQU'À CE QU'ON NOUS DÉCOUVRE. SI ON NOUS DÉCOUVRE UN JOUR !
LES ROBINSONS DE L'ANTARCTIQUE ! UN BEAU TITRE DE ROMAN ! QUE NOUS NE LIRONS SANS DOUTE JAMAIS !
LES TROIS AMIS S'AVANCENT LE LONG DE LA FALAISE, À LA RECHERCHE D'UN ENDROIT IDÉAL POUR ÉTABLIR LE CAMP.
REGARDEZ L'ÉTRANGE OISEAU !
UN ARCHÉOPTERYX !!!
EN RÉALITÉ L'ARCHÉOPTÉRYX N'EST PAS TOUT À FAIT UN OISEAU, MAIS ENCORE UN REPTILE. UN REPTILE VOLANT. C'EST EN QUELQUE SORTE UN TRAIT D'UNION ENTRE LA CLASSE DES REPTILES ET CELLE DES OISEAUX...
SI JE NE ME TROMPE, L'ARCHÉOPTÉRYX VIVAIT À L'ÉPOQUE SECONDAIRE...
EN EFFET. JE NE SAIS COMMENT IL A RÉUSSI À SURVIVRE ICI. SANS DOUTE LE CLIMAT...
TOUT CE QUE JE SAIS, PERSONNELLEMENT, C'EST QUE CETTE VALLÉE DOIT NOUS RÉSERVER PAS MAL DE SURPRISES.
APRÈS UNE HEURE DE MARCHE, LES EXPLORATEURS DEVAIENT ATTEINDRE L'ORÉE D'UN VASTE MARÉCAGE...
OU JE ME TROMPE FORT, OU NOUS ALLONS DEVOIR TRAVERSER CES MARAIS. LA FORÊT ME SEMBLE TROP DENSE TOUT AUTOUR POUR QUE NOUS PUISSIONS SONGER À NOUS Y ENGAGER.

À TRAVERS LES MARAIS, L'AVANCE CONTINUE...
ET, SOUDAIN, UNE APPARITION...
LÀ-BAS, REGARDEZ !
...FANTASTIQUE.
UN BRONTOSAURE ! UN BRONTOSAURE !
PENDANT UN MOMENT, LE MONSTRE SEMBLE VOULOIR SE PRÉCIPITER SUR LES TROIS HOMMES...
IL NOUS ATTAQUE !
...MAIS IL DISPARAÎT FINALEMENT DANS LES PROFONDEURS PALUSTRES...
OUF ! J'AI EU CHAUD... PENDANT UN MOMENT, J'AI CRU QUE ÇA Y ÉTAIT !
NOUS NAGEONS EN PLEINE FANTASMAGORIE !
APRÈS CES MINUTES D'ANGOISSE, LA MARCHE A REPRIS...
TOUT À COUP...
CLAC
QU'EST-CE QUE C'EST ?
CLAC
CLAC

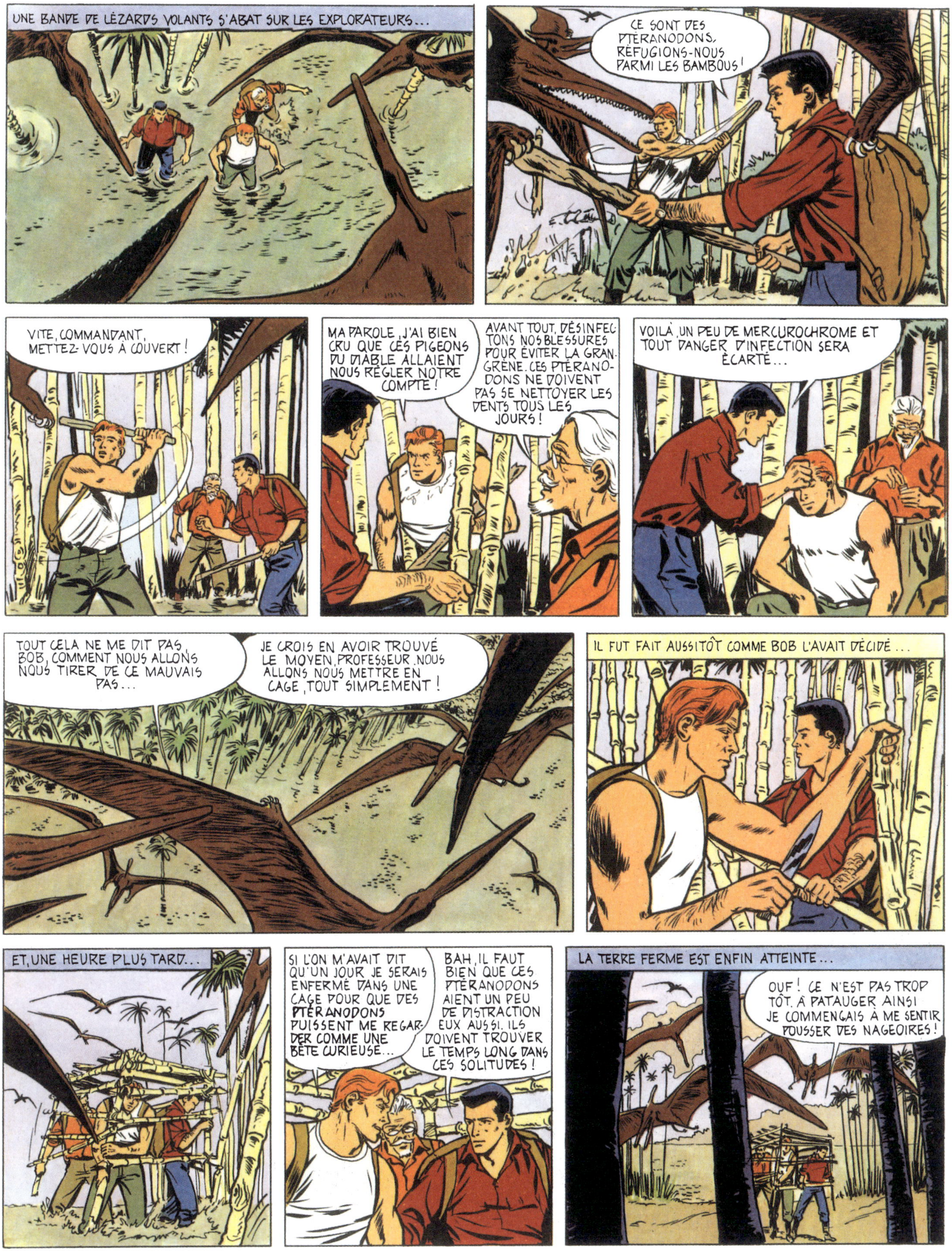
UNE BANDE DE LÉZARDS VOLANTS S'ABAT SUR LES EXPLORATEURS...
CE SONT DES PTÉRANODONS. RÉFUGIONS-NOUS PARMI LES BAMBOUS !
VITE, COMMANDANT, METTEZ-VOUS À COUVERT !
MA PAROLE, J'AI BIEN CRU QUE CES PIGEONS DU DIABLE ALLAIENT NOUS RÉGLER NOTRE COMPTE !
AVANT TOUT, DÉSINFECTONS NOS BLESSURES POUR ÉVITER LA GANGRÈNE. CES PTÉRANODONS NE DOIVENT PAS SE NETTOYER LES DENTS TOUS LES JOURS !
VOILÀ UN PEU DE MERCUROCHROME ET TOUT DANGER D'INFECTION SERA ÉCARTÉ...
TOUT CELA NE ME DIT PAS, BOB, COMMENT NOUS ALLONS NOUS TIRER DE CE MAUVAIS PAS...
JE CROIS EN AVOIR TROUVÉ LE MOYEN, PROFESSEUR. NOUS ALLONS NOUS METTRE EN CAGE, TOUT SIMPLEMENT !
IL FUT FAIT AUSSITÔT COMME BOB L'AVAIT DÉCIDÉ...
ET, UNE HEURE PLUS TARD...
SI L'ON M'AVAIT DIT QU'UN JOUR JE SERAIS ENFERMÉ DANS UNE CAGE POUR QUE DES PTÉRANODONS PUISSENT ME REGARDER COMME UNE BÊTE CURIEUSE...
BAH, IL FAUT BIEN QUE CES PTÉRANODONS AIENT UN PEU DE DISTRACTION EUX AUSSI. ILS DOIVENT TROUVER LE TEMPS LONG DANS CES SOLITUDES !
LA TERRE FERME EST ENFIN ATTEINTE...
OUF ! CE N'EST PAS TROP TÔT. À PATAUGER AINSI JE COMMENÇAIS À ME SENTIR POUSSER DES NAGEOIRES !

ENCORE UN EFFORT ET NOUS SERONS TIRÉS D'AFFAIRE !
JE SUPPOSE QUE NOUS VOILÀ HORS DE DANGER POUR LE MOMENT. MAIS J'AIMERAIS SAVOIR CE QUE NOUS RÉSERVE L'AVENIR...
RIEN DE BIEN BRILLANT À MON AVIS...
TOUT CELA À CAUSE DE CETTE MAUDITE CITÉ DES GLACES... LE COMMANDANT DE LA BASE DE THULÉ NOUS AVAIT POURTANT BIEN PRÉVENUS.
POURQUOI REVENIR ENCORE SUR LE PASSÉ ? CE QUI EST FAIT EST FAIT. ESSAYONS PLUTÔT DE TROUVER UN MOYEN DE NOUS TIRER D'ICI EN NOUS REMETTANT EN ROUTE SANS RETARD.
LA PROGRESSION REPREND MAIS À TRAVERS LA FORÊT CETTE FOIS...
LENTEMENT, L'ASPECT DE CETTE FORÊT SE MODIFIE. LES ARBRES SE FONT PLUS IMPOSANTS ET LE SOUS-BOIS DISPARAÎT.
HOOONK ! HOOONK !
ET, SOUDAIN, LE SOL SE MET À TREMBLER SOUS UN POIDS ÉNORME.
LÀ ! DEVANT NOUS ! JE NE SAIS CE QUE C'EST, MAIS CELA ME PARAÎT AU MOINS AUSSI GROS QU'UN ÉLÉPHANT !

QU'EST-CE QUE CELA PEUT BIEN ÊTRE, À VOTRE AVIS, BOB ?
NOUS N'ALLONS PAS TARDER À LE SAVOIR, PROFESSEUR.
UN STÉGOSAURE ! IL NOUS A VUS !
IL VA ATTAQUER ! PASSE-MOI TON PISTOLET LANCE-FUSÉES, BILL !
ÉCARTEZ-VOUS ! JE M'EN CHARGE !
SON ARME BRAQUÉE, BOB ATTEND LE MONSTRE DE PIED FERME.
ET, SOUDAIN, LE STÉGOSAURE S'IMMOBILISE EN PROIE A UNE ÉVIDENTE INQUIÉTUDE...
...POUR FUIR DE TOUTE LA VITESSE DONT EST CAPABLE SON ÉNORME POIDS...
KRRRIIIIAAAA
VOTRE PHYSIQUE N'A PAS DÛ LUI PLAIRE COMMANDANT. RIEN QU'A VOUS VOIR, IL A DÉTALÉ...
IL FAUT AUTRE CHOSE POUR EFFRAYER UN STÉGOSAURE BILL. NOUS N'ALLONS PAS TARDER À RECEVOIR UNE SECONDE VISITE, SANS DOUTE MOINS AGRÉABLE ENCORE QUE LA PREMIÈRE.

UN TYRANNOSAURE REX !
LE MONSTRE A APERÇU LES TROIS HOMMES ET FONCE DANS LEUR DIRECTION.
TIREZ, BOB! MAIS TIREZ DONC!
VROUOM
KRRRIIIIAAAAA
ET LA MARCHE REPRIT À TRAVERS CE MONDE INCONNU, OÙ LA PEUR SEMBLAIT RÉGNER EN SOUVERAINE MAÎTRESSE.
LA NUIT TOMBE. METTONS-NOUS EN SÉCURITÉ DANS LES BRANCHES DE CE GINKO GÉANT...
MALGRÉ TOUTE MA RÉPUGNANCE POUR L'ESCALADE, COMMANDANT, JE VOUS APPROUVE. SI L'UN OU L'AUTRE DE CES "SAURE-JE-NE-SAIS-QUOI" NOUS TOMBAIT DESSUS DANS LES TÉNÈBRES...
ATTACHONS-NOUS... CE SERA PLUS PRUDENT
SAGE PRÉCAUTION EN EFFET, BOB. IL SUFFIRAIT D'UN SEUL FAUX MOUVEMENT POUR CHOIR DANS LA GUEULE OUVERTE D'UN TYRANNOSAURE...
LA NUIT CEPENDANT NE DEVAIT PAS ÊTRE AUSSI CALME QUE NOS HÉROS L'AURAIENT SOUHAITÉ...
CLAC
CLAC

CLIC-CLAC
CLIC-CLAC
CLAC CLIC-CLIC
CLIC-CL
QU'EST-CE QUE C'ÉTAIT ?
DIFFICILE À DIRE... JAMAIS JE N'AI ENTENDU UN ÊTRE VIVANT ÉMETTRE UN SON SEMBLABLE...
EN BAS, UN VACARME EFFROYABLE RETENTIT ALORS...
MA PAROLE, ON DIRAIT QUE DES GÉANTS S'AMUSENT À BRISER LES ARBRES COMME DES ALLUMETTES...
CLIC CLAC
BRAOUOMMMM
CRAAC
ET, LE LENDEMAIN MATIN...
ON DIRAIT QU'UNE TORNADE EST PASSÉE PAR LÀ...
JOLI TRAVAIL DE DESTRUCTION EN VÉRITÉ. DIX TYRANNOSAURES EN FURIE N'AURAIENT PAS ÉTÉ CAPABLES DE L'ACCOMPLIR !...
CET ARBRE A ÉTÉ TRANCHÉ NET, COMME PAR UN GIGANTESQUE RASOIR...
REGARDEZ CETTE TROUÉE... CELUI QUI L'A PRATIQUÉE POSSÉDAIT UNE JOLIE FORCE...
INSTINCTIVEMENT, BOB ET SES COMPAGNONS SE SONT MIS À SUIVRE LA TRANCHÉE PRATIQUÉE DANS LA FORÊT...
REGARDEZ !... CETTE TACHE, LÀ ! ON DIRAIT...
DU CAMBOUIS ! C'EST DU CAMBOUIS !

IL N'Y A PAS À DOUTER, C'EST BIEN DU CAMBOUIS. À MA CONNAISSANCE, LES DINOSAURES NE DOIVENT PAS S'ARRÊTER SOUVENT À LA STATION-SERVICE POUR UN GRAISSAGE... UNE MACHINE EST PASSÉE PAR LÀ...
DURANT DE LONGUES MINUTES LES TROIS AMIS DEMEURENT IMMOBILES, SENTANT UNE MENACE PESER SUR EUX...
JE NE SAIS POURQUOI, MAIS J'AI L'IMPRESSION QUE L'ON NOUS OBSERVE...
LÀ!..
ET, TOUT À COUP...
BOB, BALLANTINE ET LE PROFESSEUR FUIENT, ÉPERDUS, DEVANT LE MONSTRE...
TÂCHONS DE GAGNER LE COUVERT DES ARBRES...
POURTANT CE DRAME NE SE PASSAIT PAS SANS TÉMOINS. DES TÉMOINS ACTIFS...
..ET AUX ARMES REDOUTABLEMENT EFFICACES...
N'ESSAYEZ PAS DE FUIR ! VOUS ÊTES SOUS LE FEU DE NOS CANONS !

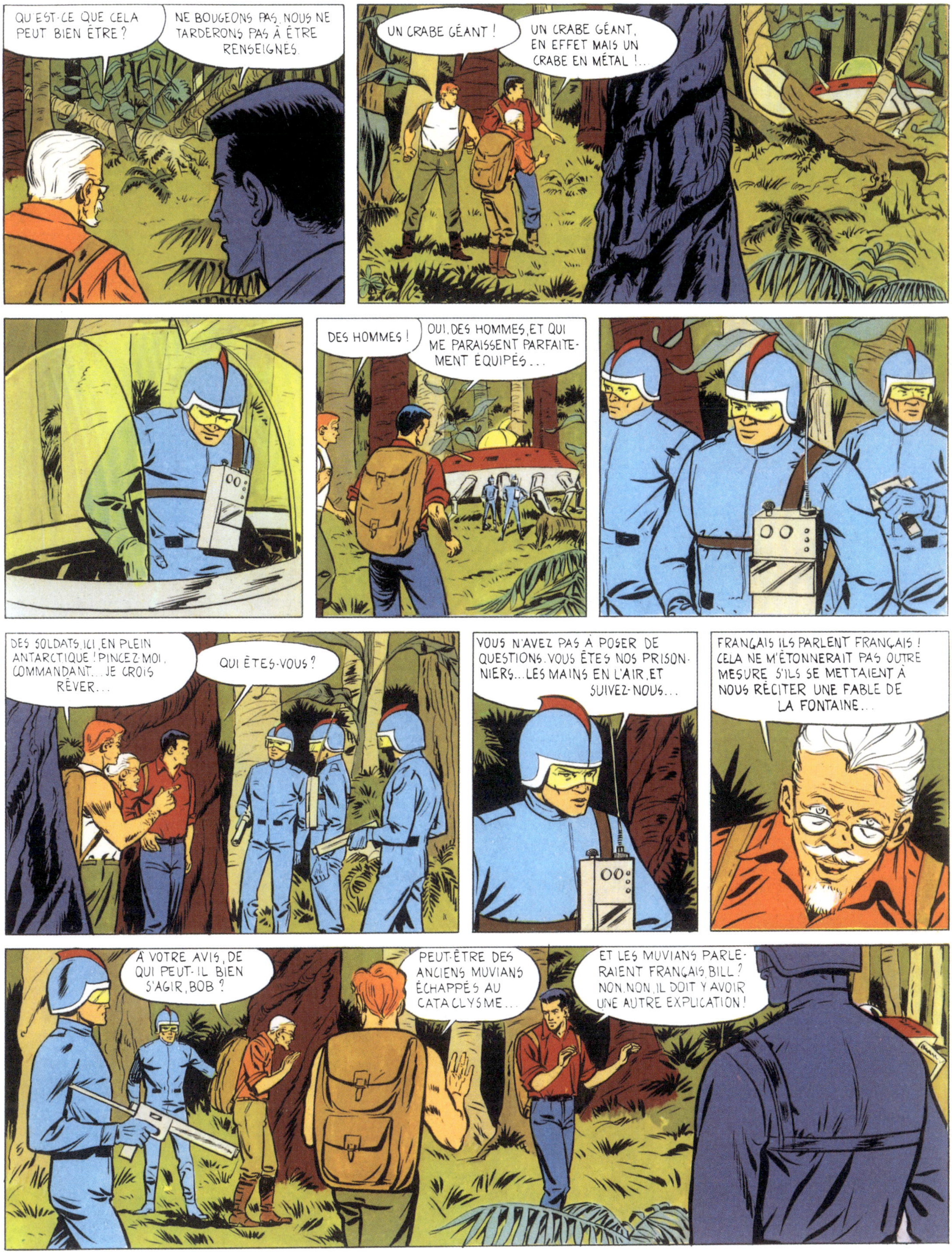
QU'EST-CE QUE CELA PEUT BIEN ÊTRE ?
NE BOUGEONS PAS. NOUS NE TARDERONS PAS À ÊTRE RENSEIGNÉS.
UN CRABE GÉANT !
UN CRABE GÉANT, EN EFFET MAIS UN CRABE EN MÉTAL !..
DES HOMMES !
OUI, DES HOMMES, ET QUI ME PARAISSENT PARFAITEMENT ÉQUIPÉS...
DES SOLDATS, ICI, EN PLEIN ANTARCTIQUE ! PINCEZ-MOI, COMMANDANT... JE CROIS RÊVER...
QUI ÊTES-VOUS ?
VOUS N'AVEZ PAS À POSER DE QUESTIONS. VOUS ÊTES NOS PRISONNIERS... LES MAINS EN L'AIR, ET SUIVEZ-NOUS...
FRANÇAIS. ILS PARLENT FRANÇAIS ! CELA NE M'ÉTONNERAIT PAS OUTRE MESURE S'ILS SE METTAIENT À NOUS RÉCITER UNE FABLE DE LA FONTAINE...
À VOTRE AVIS, DE QUI PEUT-IL BIEN S'AGIR, BOB ?
PEUT-ÊTRE DES ANCIENS MUVIANS ÉCHAPPÉS AU CATACLYSME...
ET LES MUVIANS PARLERAIENT FRANÇAIS, BILL ? NON, NON, IL DOIT Y AVOIR UNE AUTRE EXPLICATION !

MONTEZ À BORD DU CRABE. ET, SURTOUT, N'ESSAYEZ PAS DE RÉSISTER !...
FAUT PAS VOUS FÂCHER. DE TOUTE FAÇON, VOUS ÊTES LES PLUS FORTS... POUR L'INSTANT DU MOINS...
ALORS, VA FALLOIR ENTRER LÀ-DEDANS, COMMANDANT ? JE PRÉFÉRERAIS MANGER UNE BONNE SALADE DE CRABE PLUTÔT QUE ME FAIRE DÉVORER PAR CELUI-CI.
LA GOURMANDISE TE PERDRA, MON VIEUX BILL !...
ET QUELQUES MINUTES PLUS TARD...
VOILÀ LES MOTEURS QUI SE METTENT EN MARCHE...
BRON-ON-ON
... LE MONSTRUEUX ENGIN S'ÉBRANLE...
PENDANT PLUSIEURS HEURES, LE CRABE DEVAIT PROGRESSER AINSI À TRAVERS LA JUNGLE, RENVERSANT TOUT SUR SON PASSAGE...
IL FAIT PLUS MOITE ICI QUE DANS UNE ÉTUVE. IL ME FAUDRAIT DES ESSUIE-GLACES !...
PERSONNELLEMENT, JE FONDS COMME UN SORBET GLACÉ. CE QUI NE ME RAFRAÎCHIT PAS POUR AUTANT. AH ! UN BON WHISKY-SODA AVEC UN ICEBERG DEDANS...
CE QUE J'AIMERAIS, C'EST POSSÉDER UNE BOULE DE CRISTAL PARTICULIÈREMENT EFFICACE, AFIN D'Y LIRE LE NOM DE L'ENDROIT OÙ NOUS ALLONS.
FINALEMENT, LE CRABE S'ARRÊTE AU BORD D'UN LAC D'EAU CHAUDE, AU CENTRE DUQUEL S'ÉLÈVE UNE ÉTRANGE CITÉ DE MÉTAL.

POURTANT, BOB ET SES AMIS, ENFERMÉS DANS LEUR PRISON AMBULANTE, NE SE DOUTENT GUÈRE DE LA SURPRISE QUI LES ATTEND.
CEPENDANT, LE CRABE PÉNÈTRE DANS LES EAUX DU LAC...
...QU'IL TRAVERSE...
...POUR ABORDER BIENTÔT SUR L'ÎLE.
ET, QUAND LES TROIS EXPLORATEURS SORTENT ENFIN DU CRABE...
AH ÇA ! EST-CE QUE JE RÊVE ?
NON, BILL, TU NE RÊVES PAS. C'EST BIEN UNE VILLE...
ET UNE VILLE ULTRAMODERNE ENCORE !
TIENS, VOILÀ LE COMITÉ DE RÉCEPTION !
JE SUIS LE PROFESSEUR BLAISE DU PONT D'ARC. BIEN QUE VOUS SOYEZ MES PRISONNIERS, MESSIEURS, VOUS ÊTES LES BIENVENUS DANS MA CITÉ DE PARIS.
QUE LE DIABLE ME TIREBOUCHONNE, COMMANDANT ! SI CETTE VILLE-LÀ EST PARIS, EH! BIEN MOI, JE SUIS LE ROI DU CHA-CHA-CHA !

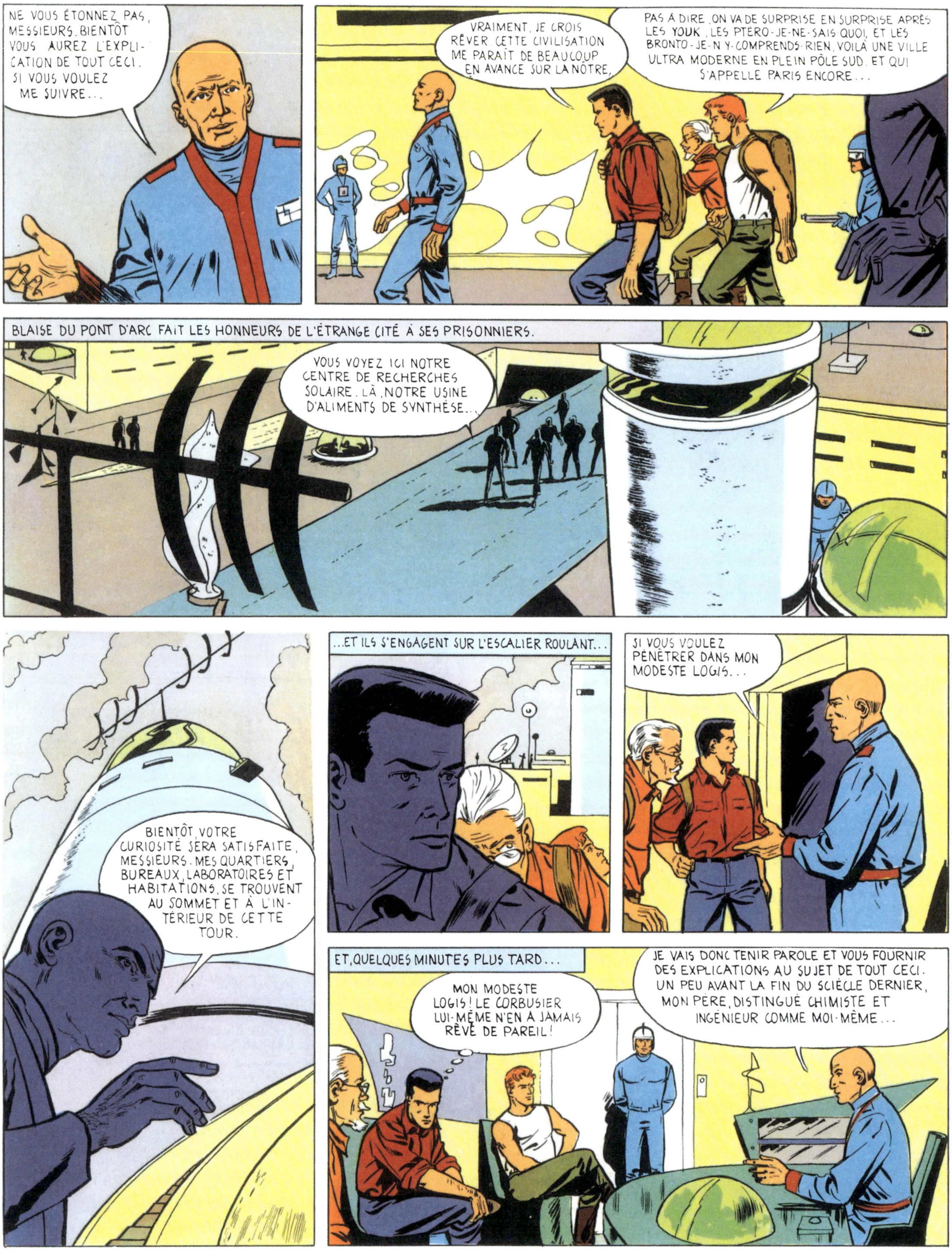
NE VOUS ÉTONNEZ PAS, MESSIEURS. BIENTÔT VOUS AUREZ L'EXPLICATION DE TOUT CECI. SI VOUS VOULEZ ME SUIVRE...
VRAIMENT, JE CROIS RÊVER. CETTE CIVILISATION ME PARAÎT DE BEAUCOUP EN AVANCE SUR LA NÔTRE.
PAS À DIRE, ON VA DE SURPRISE EN SURPRISE APRÈS LES YOUK, LES PTERO-JE-NE-SAIS-QUOI, ET LES BRONTO-JE-N'Y-COMPRENDS-RIEN, VOILÀ UNE VILLE ULTRA MODERNE EN PLEIN PÔLE SUD. ET QUI S'APPELLE PARIS ENCORE...
BLAISE DU PONT D'ARC FAIT LES HONNEURS DE L'ÉTRANGE CITÉ À SES PRISONNIERS.
VOUS VOYEZ ICI NOTRE CENTRE DE RECHERCHES SOLAIRE. LÀ, NOTRE USINE D'ALIMENTS DE SYNTHÈSE...
BIENTÔT, VOTRE CURIOSITÉ SERA SATISFAITE, MESSIEURS. MES QUARTIERS, BUREAUX, LABORATOIRES ET HABITATIONS, SE TROUVENT AU SOMMET ET À L'INTÉRIEUR DE CETTE TOUR.
...ET ILS S'ENGAGENT SUR L'ESCALIER ROULANT...
SI VOUS VOULEZ PÉNÉTRER DANS MON MODESTE LOGIS...
ET, QUELQUES MINUTES PLUS TARD...
MON MODESTE LOGIS! LE CORBUSIER LUI-MÊME N'EN A JAMAIS RÊVÉ DE PAREIL!
JE VAIS DONC TENIR PAROLE ET VOUS FOURNIR DES EXPLICATIONS AU SUJET DE TOUT CECI. UN PEU AVANT LA FIN DU SCIÈCLE DERNIER, MON PÈRE, DISTINGUÉ CHIMISTE ET INGÉNIEUR COMME MOI-MÊME...

...AURAIT PU, PAR SES DÉCOUVERTES GÉNIALES, RÉVOLUTIONNER LA SCIENCE DE SON ÉPOQUE, SINON LA SCIENCE TOUT COURT.
DANS LE GRAND LABORATOIRE DE SON CHÂTEAU DU PONT D'ARC, EN PLEIN CŒUR SAUVAGE DU MASSIF CENTRAL, IL AVAIT TROUVÉ LE MOYEN DE CAPTER L'ÉNERGIE SOLAIRE POUR S'EN SERVIR À DES FINS UTILITAIRES.
MON PÈRE POSSÉDAIT UNE IMMENSE FORTUNE QU'IL CONSACRAIT À SES RECHERCHES. POURTANT, À L'ACADÉMIE DES SCIENCES, IL NE RENCONTRA QU'INCOMPRÉHENSION ET QUOLIBETS.
DU PONT D'ARC, VOUS RÊVEZ !
VOUS LISEZ TROP DE ROMANS D'ANTICIPATION !
LE CŒUR PROFONDÉMENT ULCÉRÉ, IL REGAGNA SON REPAIRE DE SAVANT.
LÀ, DANS LE PLUS GRAND SECRET, IL FIT CONSTRUIRE UNE MACHINE VOLANTE DE SON INVENTION, MUE PAR L'ÉNERGIE SOLAIRE. À CETTE ÉPOQUE, JE N'ÉTAIS ENCORE QU'UN ENFANT, MAIS DÉJÀ LA TECHNIQUE ME PASSIONNAIT.
BLAISE, LÂCHE CE MARTEAU ! CECI EST UN TRAVAIL DE GRANDES PERSONNES !
ET, PAR UNE BELLE NUIT, ACCOMPAGNÉS PAR LES AMIS ET COLLABORATEURS LES PLUS FIDÈLES DE MON PÈRE, NOUS QUITTÂMES LE MONDE CIVILISÉ SANS ESPRIT DE RETOUR...
NOUS GAGNÂMES CETTE VALLÉE, DÉCOUVERTE PAR UN EXPLORATEUR, QUI AVANT DE MOURIR, EN AVAIT LIVRÉ LE SECRET À MON PÈRE.
VOILÀ NOTRE NOUVELLE PATRIE. DÈS CE JOUR NOUS NOUS METTRONS AU TRAVAIL !

SOUS LE COMMANDEMENT DE MON PÈRE, TOUS SE MIRENT À LA BESOGNE AFIN DE CONSTRUIRE CE QUI, PLUS TARD, DEVAIT DEVENIR LA CITÉ OÙ VOUS VOUS TROUVEZ EN CE MOMENT.
LE TEMPS PASSA. NOTRE PETITE COMMUNAUTÉ S'AGRANDISSAIT SANS CESSE...
NOUS RECUEILLIONS DES EXPLORATEURS POLAIRES PERDUS DANS L'IMMENSITÉ GLACÉE.
DES NAUFRAGÉS ÉTAIENT SECOURUS SUR TOUTES LES MERS DU GLOBE ET MENÉS ICI...
TOUS CES NOUVEAUX ARRIVANTS VENAIENT, DE GRÉ OU DE FORCE, GROSSIR LA POPULATION DE LA NOUVELLE PARIS, COMME NOUS AVIONS BAPTISÉ NOTRE VILLE-CHAMPIGNON.
D'IMPORTANTS GISEMENTS DE MINERAIS, DÉCOUVERTS DANS LE SOUS-SOL DE LA VALLÉE, NOUS PERMETTAIENT D'EXTRAIRE TOUTES LES MATIÈRES PREMIÈRES DONT NOUS AVIONS BESOIN.
UN JOUR, MON PÈRE MOURUT, ET JE LUI SUCCÉDAI À LA TÊTE DE LA COLONIE.
DES ANNÉES S'ÉCOULÈRENT. PARIS ÉTAIT DEVENUE TELLE QUE VOUS LA VOYEZ À PRÉSENT, ET NOUS VIVIONS DANS LA PAIX, QUAND...

...UN JOUR, UNE VIOLENTE DISCUSSION M'OPPOSA AU COLONEL SANGART, CHEF DE NOTRE PETITE ARMÉE.
TÔT OU TARD, CETTE VALLÉE SERA DÉCOUVERTE ! IL NOUS FAUT DÉCLARER LA GUERRE AU RESTE DU MONDE ! LUI IMPOSER NOTRE LOI AVANT QUE NOUS SOYONS NOUS-MÊMES RÉDUITS EN ESCLAVAGE !
COLONEL SANGART, JE NE PUIS VOUS SUIVRE DANS CETTE VOIE. IL NOUS FAUT CONTINUER À VIVRE EN PAIX. POUR LE RESTE, LE DESTIN EST NOTRE SEUL MAÎTRE.
DANS CE CAS, PROFESSEUR D'ARC, JE VAIS ME VOIR FORCÉ D'AGIR CONTRE VOTRE VOLONTÉ !
ENTRE SANGART ET MOI, CE FUT LA RUPTURE. IL ALLA SE RÉFUGIER DANS UNE VIEILLE CITÉ SOUTERRAINE, SITUÉE DE L'AUTRE CÔTÉ DU LAC. CE SONT SES AÉROPTÈRES QUI VOUS ONT ATTAQUÉS. TÔT OU TARD, IL DÉCLARERA LA GUERRE AU MONDE.
FAIRE LA GUERRE AU MONDE ? CROYEZ-VOUS QUE CELA SOIT SI FACILE, PROFESSEUR ? VOUS ÊTES PEU NOMBREUX ET, LÀ-BAS, D'OÙ NOUS VENONS, IL Y A DES ARMÉES PUISSANTES, DOTÉES D'ARMES REDOUTABLES...
NOS ARMES SONT BIEN PLUS REDOUTABLES ENCORE. IL SUFFIRAIT À SANGART DE POUSSER SUR UN BOUTON POUR PARALYSER LES ARMÉES DONT VOUS PARLEZ. UNE SEULE BULLE DE LUMIÈRE SOLAIRE ÉCLATANT AU-DESSUS DE NEW YORK, LONDRES, PARIS OU MOSCOU, ANÉANTIRAIT CES CITÉS...
QUAND SANGART JUGERA L'HEURE VENUE, IL ATTAQUERA. JE NE PUIS SONGER À CE QUI ARRIVERAIT ALORS. CE SERAIT TROP HORRIBLE !...
N'Y AURAIT-IL PAS MOYEN DE FAIRE REVENIR CE SANGART À DE MEILLEURES DISPOSITIONS ?
POUR CONVAINCRE SANGART, IL FAUDRAIT COMMENCER PAR L'APPROCHER, ET SON REPAIRE EST BIEN DÉFENDU...
BIEN DÉFENDU ! IL N'Y A PAS DE PLACE, SI BIEN DÉFENDUE SOIT-ELLE, OÙ DEUX HOMMES DÉCIDÉS, ET RUSÉS, NE PEUVENT PÉNÉTRER.

PEUT-ÊTRE POURRIONS-NOUS VOUS AIDER, PROFESSEUR D'ARC, EN ALLANT CHERCHER CE SANGART DANS SA TANIÈRE ET EN VOUS L'AMENANT...
JE NE DOUTE PAS DE VOTRE COURAGE, MESSIEURS. MAIS QUI ME DIT QU'UNE FOIS LIBRES VOUS NE TENTEREZ PAS DE FUIR, METTANT AINSI L'ŒUVRE DE MON PÈRE EN DANGER.
BOB ET BILL IRONT SEULS ET JE RESTERAI ICI COMME OTAGE. CETTE SOLUTION VOUS SATISFAIT-ELLE ?
CES ÉTRANGERS ME PARAISSENT HONNÊTES ET FRANCS. PUIS-JE LEUR FAIRE CONFIANCE ?...
CE QUE JE ME DEMANDE, C'EST POURQUOI, À PEINE ARRIVÉS ICI, VOUS OFFREZ DE ME VENIR EN AIDE EN ESSAYANT DE CAPTURER SANGART...
NOUS VOULONS SURTOUT EMPÊCHER CE SANGART DE DÉCLENCHER UNE GUERRE MEURTRIÈRE. S'IL POSSÈDE DES MOYENS DE DESTRUCTION AUSSI PUISSANTS QUE VOUS L'AFFIRMEZ...
VOTRE EXPLICATION ME DÉCIDE, COMMANDANT MORANE. VENEZ VOIR, TOUS LES TROIS...
C'EST DANS DES GROTTES CREUSÉES SOUS CES FALAISES, QUE SANGART ET SES HOMMES ONT TROUVÉ REFUGE. ELLES AVAIENT ÉTÉ AMÉNAGÉES AUPARAVANT POUR SERVIR DE FORTERESSE AU CAS OÙ LA VALLÉE SERAIT ENVAHIE. POUR PÉNÉTRER DANS CES CAVERNES, IL N'Y A QU'UN CHEMIN : CELUI PASSANT PAR LE LAC...
NOUS LE PRENDRONS, PROFESSEUR...
CE CHEMIN EST HÉRISSÉ DE DANGERS. IL VOUS FAUDRA TRAVERSER DES FORÊTS SOUS-MARINES HANTÉES PAR DES MONSTRES REDOUTABLES, AFFRONTER LE PEUPLE DES CAVERNES...
SOYEZ SANS CRAINTE, PROFESSEUR. SI MES AMIS NE PARVIENNENT PAS À SURMONTER CES DANGERS, PERSONNE N'Y RÉUSSIRA.
LE LENDEMAIN, BOB MORANE ET BILL BALLANTINE, ARMÉS DE PISTOLETS À BULLES DE LUMIÈRE ET PROPULSÉS PAR DE MINUSCULES RÉACTEURS, SE DIRIGENT VERS LES ÉNIGMATIQUES FALAISES.

DANS QUELLE AVENTURE SOMMES-NOUS ENCORE ALLÉS NOUS FOURRER ?...
LES DEUX AMIS S'AVANCENT À TRAVERS DES PAYSAGES FANTASMAGORIQUES QUI SEMBLENT ISSUS DE RÊVES... OU DE CAUCHEMARS...
QUAND, TOUT À COUP...
LE MONSTRE VA L'ENTRAÎNER. ET JE NE PUIS TIRER D'AUSSI LOIN, DE PEUR D'ATTEINDRE BILL !...
RÉSOLUMENT, MORANE SE LANCE AU SECOURS DE SON COMPAGNON.
JE SUIS ARRIVÉ JUSTE À TEMPS. POURVU QUE BILL...
MAIS LES CRAINTES DE NOTRE HÉROS DEVAIENT SE RÉVÉLER VAINES. ÉTOURDI SEULEMENT, BALLANTINE NE TARDE PAS À REPRENDRE CONSCIENCE.

PROGRESSANT TOUJOURS AU FOND DU LAC, MORANE ET SON AMI ATTEIGNENT L'ENTRÉE DES CAVERNES PERMETTANT D'ACCÉDER AU REPAIRE DE SANGART.
CES GROTTES M'ONT L'AIR DE FORMER UN VRAI LABYRINTHE. LE TOUT SERA DE NOUS Y RETROUVER. BAH ! APRÈS TOUT, EN ALLANT DROIT DEVANT NOUS, NOUS ARRIVERONS BIEN QUELQUE PART...
DURANT UNE HEURE, LES DEUX HOMMES S'AVANCENT À TRAVERS LE DÉDALE DES CAVERNES.
FINALEMENT CEPENDANT, ILS ATTEIGNENT L'ENDROIT QU'ILS CHERCHAIENT...
UN MASQUE DE DÉMON ! CELA CONCORDE AVEC LES INDICATIONS QUE LE PROFESSEUR D'ARC NOUS A FOURNIES AVANT NOTRE DÉPART. NOUS SOMMES DONC SUR LA BONNE VOIE...
SUR UNE DISTANCE DE PLUSIEURS CENTAINES DE MÈTRES, LES DEUX AMIS SUIVENT UNE ÉTROITE GALERIE REMPLIE D'EAU...
...POUR ENFIN PRENDRE PIED DANS UNE CAVERNE À L'AIR LIBRE...
METTONS-NOUS EN ROUTE SANS TARDER. N'OUBLIONS PAS QUE LE PROFESSEUR CLAIREMBART DOIT NOUS ATTENDRE DANS L'INQUIÉTUDE...
YOUK
LE PEUPLE DES CAVERNES !
LE CRI M'A SEMBLÉ DIFFÉRENT DE CELUI QUE NOUS CONNAISSONS. ON EUT DIT UN APPEL DE DÉTRESSE !...

CELA VENAIT DE CE CÔTÉ. ALLONS-Y !...
PEUT-ÊTRE EST-CE UN PIÈGE, COMMANDANT !...
POURTANT, SANS ÉCOUTER SON COMPAGNON, BOB MORANE SE MET À COURIR DANS LA DIRECTION D'OÙ VIENNENT LES APPELS.
YOUK
YOUK
YOUK
DES ARACHNIDES GÉANTS ! PORTONS SECOURS À CE MALHEUREUX !...
J'AVAIS UN ONCLE QUI APPRIVOISAIT LES ARAIGNÉES. IL AURAIT EU DE QUOI S'OCCUPER DANS CE COIN...
VOUS M'AVEZ SAUVÉ ! SANS VOUS LES ARAHKS ME CAPTURAIENT ET ME DÉVORAIENT...
ÇA PAR EXEMPLE ! J'AI COMPRIS CE QUE CET ÊTRE PENSAIT !... TU M'ENTENDS, BILL ?
VOUS VOULEZ RIRE, COMMANDANT ?
NON, BILL, JE NE RIS PAS. CES CRÉATURES SONT TÉLÉPATHES, TOUT SIMPLEMENT. JUSQU'ICI NOUS N'AVONS GUÈRE EU LE TEMPS DE NOUS EN APERCEVOIR. MAIS JE CROIS QU'IL NOUS INVITE À LE SUIVRE...
ACCOMPAGNEZ-MOI AUPRÈS DES MIENS. ILS VOUS RECEVRONT EN HÔTES D'HONNEUR...

L'ÉTRANGE CRÉATURE ENTRAÎNE BOB MORANE ET BILL BALLANTINE À TRAVERS LES CAVERNES.
QU'EST-CE QUE C'EST DONC QUE CETTE HISTOIRE DE TÉLÉ À PATTES, COMMANDANT ?
TÉLÉPATHE, BILL, TÉLÉPATHE... CES ÊTRES ONT LE POUVOIR DE CORRESPONDRE PAR SIMPLE TRANSMISSION DE PENSÉE. PEUT-ÊTRE SONT-ILS LES DESCENDANTS DES ANCIENS HABITANTS DE MU ET ONT-ILS, AU COURS DES MILLÉNAIRES, PERFECTIONNÉ CE DON.
C'EST POUR CELA SANS DOUTE QU'ILS ONT PERDU L'USAGE DE LA PAROLE ET NE POUSSENT PLUS QUE CES CRIS DE "YOUK-YOUK"... JE NE VOIS PAS D'AUTRE EXPLICATION.
J'AI L'IMPRESSION QUE NOUS TOUCHONS AU BUT. ENTENDS-TU CES CRIS ?
BIENTÔT, BOB, SON AMI ET LEUR GUIDE PÉNÈTRENT DANS UNE VASTE SALLE SERVANT DE QUARTIER GÉNÉRAL AU PEUPLE DES CAVERNES.
YOUK
YOUK
EH ! EH ! ON DIRAIT QUE LES CHOSES VONT SE GÂTER...
JE N'EN SUIS PAS SI CERTAIN...
PAIX ! CES ÉTRANGERS M'ONT ARRACHÉ AUX RETS DES ARAHKS. LA RECONNAISSANCE NOUS LES REND SACRÉS...
VOUS AVEZ SAUVÉ LA VIE À NAHAL, MON FILS. TOUT LE PEUPLE DES PFANGS VOUS BÉNIT. QUE POUVONS-NOUS FAIRE POUR VOUS PROUVER NOTRE GRATITUDE ?
DES HOMMES DE LA SURFACE, PAREILS À NOUS, HABITENT CES FALAISES. POUVEZ-VOUS NOUS AIDER À PÉNÉTRER DANS LEUR REPAIRE ?
NOUS VOUS CONDUIRONS. MAIS, POUR ATTEINDRE LE REFUGE DES HOMMES DONT VOUS PARLEZ, IL NOUS FAUDRA TRAVERSER LE PAYS DES DIEUX DÉFUNTS.

TENANT PAROLE, LE CHEF DES YOUKS GUIDE LES DEUX AMIS À TRAVERS LE DÉDALE SOUTERRAIN.
À VOTRE AVIS, COMMANDANT, QU'EST-CE QUE CE PAYS DES DIEUX DÉFUNTS ?
JE N'EN AI PAS LA MOINDRE IDÉE, BILL. TOUT CE QUE JE PUIS T'AFFIRMER, C'EST QUE CETTE ÉTRANGE CONTRÉE DOIT NOUS RÉSERVER ENCORE BIEN DES SURPRISES.
C'EST ICI QUE COMMENCE LE PAYS DES DIEUX DÉFUNTS.
LE PAYS DES DIEUX DÉFUNTS... JE COMPRENDS ! LES DIEUX EN QUESTION SONT CES STATUES AMONCELÉES...
UN VRAI CIMETIÈRE ! MAIS CE QUI M'INTRIGUE, C'EST POURQUOI ON LES A ENTASSÉES LÀ EN TELLE QUANTITÉ ?...
SANS DOUTE, IL Y A TRÈS LONGTEMPS, LES MUVIANS ONT-ILS CESSÉ DE CROIRE À CES DIEUX ET ONT-ILS REMISÉ LEURS EFFIGIES DANS CES CAVERNES. PEUT-ÊTRE Y A-T-IL AUSSI UNE AUTRE RAISON QUI M'ÉCHAPPE.
TOUJOURS GUIDÉS PAR LE CHEF DES YOUKS, LES DEUX AMIS SE GLISSENT ENTRE LES GIGANTESQUES SCULPTURES.
ET L'AVANCE À TRAVERS L'ÉTRANGE NÉCROPOLE COMMENÇA...
PARFOIS, IL LEUR FALLAIT RAMPER...
...OU SE HISSER LE LONG DE PUITS VERTICAUX...

CETTE STATUE FERME LE PAYS DES DIEUX DÉFUNTS. AU-DELA, VIVENT LES HOMMES QUE VOUS CHERCHEZ
UNISSANT LEURS EFFORTS, LES DEUX HOMMES, ET LES YOUK ENTREPRENNENT DE DÉPLACER L'ÉNORME EFFIGIE.
ENCORE UN EFFORT BILL, ET LE PASSAGE SERA LIBRE...
IL VOUS SUFFIRA DÉSORMAIS DE SUIVRE LA GALERIE ET VOUS ARRIVEREZ LÀ OÙ VOUS VOULEZ ALLER.
APRÈS AVOIR REMERCIÉ LE CHEF DES YOUKS ET SES CONGÉNÈRES, BOB ET BILL SE METTENT EN ROUTE...
YOUK!
YOUK!
SANS LES YOUKS, NOUS N'AURIONS JAMAIS RÉUSSI À TROUVER NOTRE CHEMIN À TRAVERS CES CAVERNES...
SANS DOUTE, BILL, MAIS NOUS NE SOMMES PAS TIRÉS D'AFFAIRE POUR CELA. IL NOUS FAUT ENCORE ATTEINDRE LE REFUGE LUI-MÊME, PUIS CONTACTER SANGART... ET LE PROFESSEUR CLAIREMBART DOIT NOUS ATTENDRE DANS L'INQUIÉTUDE...
LÀ-BAS, COMMANDANT !... DE LA LUMIÈRE !...
BIENTÔT, LES DEUX AMIS NE DEVAIENT PLUS DOUTER D'AVOIR ATTEINT LE REPAIRE DISSIMULÉ À L'INTÉRIEUR DES FALAISES.
LÀ-BAS, COMMANDANT !... DES HOMMES...
OUI, ET ILS NOUS ONT APERÇUS...

D'AUTRES, LÀ-BAS ! TOUTE RETRAITE NOUS EST COUPÉE !
FUYONS PAR LÀ !
À TOUTE ALLURE, LES DEUX AMIS ESSAYENT DE DISTANCER LEURS POURSUIVANTS.
NOUS AVONS DE L'AVANCE, MAIS NOUS NE TARDERONS PAS À ÊTRE REJOINTS. ESSAYONS UNE DE CES PORTES !
PAR ICI, COMMANDANT ! VITE, AVANT QU'ILS N'ATTEIGNENT LE COUDE DU TUNNEL !...
OUF ! IL ÉTAIT TEMPS ! LES VOILÀ QUI PASSENT DEVANT LA PORTE !
CLAC
CLAC
CLAC
QUELQUES INSTANTS PLUS TARD QUAND TOUT DANGER EST MOMENTANÉMENT ÉCARTÉ...
IL SERAIT TEMPS À PRÉSENT DE CHERCHER OÙ NOUS SOMMES !

J'AI L'IMPRESSION QUE CETTE CELLULE N'A PAS D'AUTRE ISSUE. NOUS VOILÀ BLOQUÉS ICI.
OUI, ET, COMME L'ALARME EST DONNÉE À PRÉSENT, ON NE TARDERA PAS À VENIR NOUS DÉLOGER...
CHERCHONS QUAND MÊME. IL NE FAUT RIEN LAISSER AU HASARD !...
COMMANDANT ! JE CROIS AVOIR TROUVÉ QUELQUE CHOSE. IL Y A UNE TRAPPE ICI...
UN ANNEAU ! IL S'AGIT BIEN D'UNE TRAPPE !
DEQUOI CELA A-T-IL L'AIR, COMMANDANT ?
UN PUITS VERTICAL, AVEC DES BARREAUX FORMANT ÉCHELLE...
JE SUPPOSE QUE TOUT CE QUI NOUS RESTE À FAIRE, C'EST ENCORE DE NOUS CHANGER EN TAUPES !
EN EFFET, MAIS, AVANT CELA, CALONS LA PORTE AFIN DE NE PAS ÊTRE PRIS À REVERS.
VIENS ME DONNER UN COUP DE MAIN, BILL. IL FAUT QUE CE BATTANT RÉSISTE À TOUS LES ASSAUTS !
ET, QUELQUES MINUTES PLUS TARD...
À PRÉSENT, NOUS VOILÀ TRANQUILLES DE CE CÔTÉ !
BOB ET SON COMPAGNON S'ENGAGENT DANS LE PUITS QUI DOIT LES MENER VERS LA LIBERTÉ OU VERS UN DESTIN QUI LEUR EST ENCORE INCONNU.

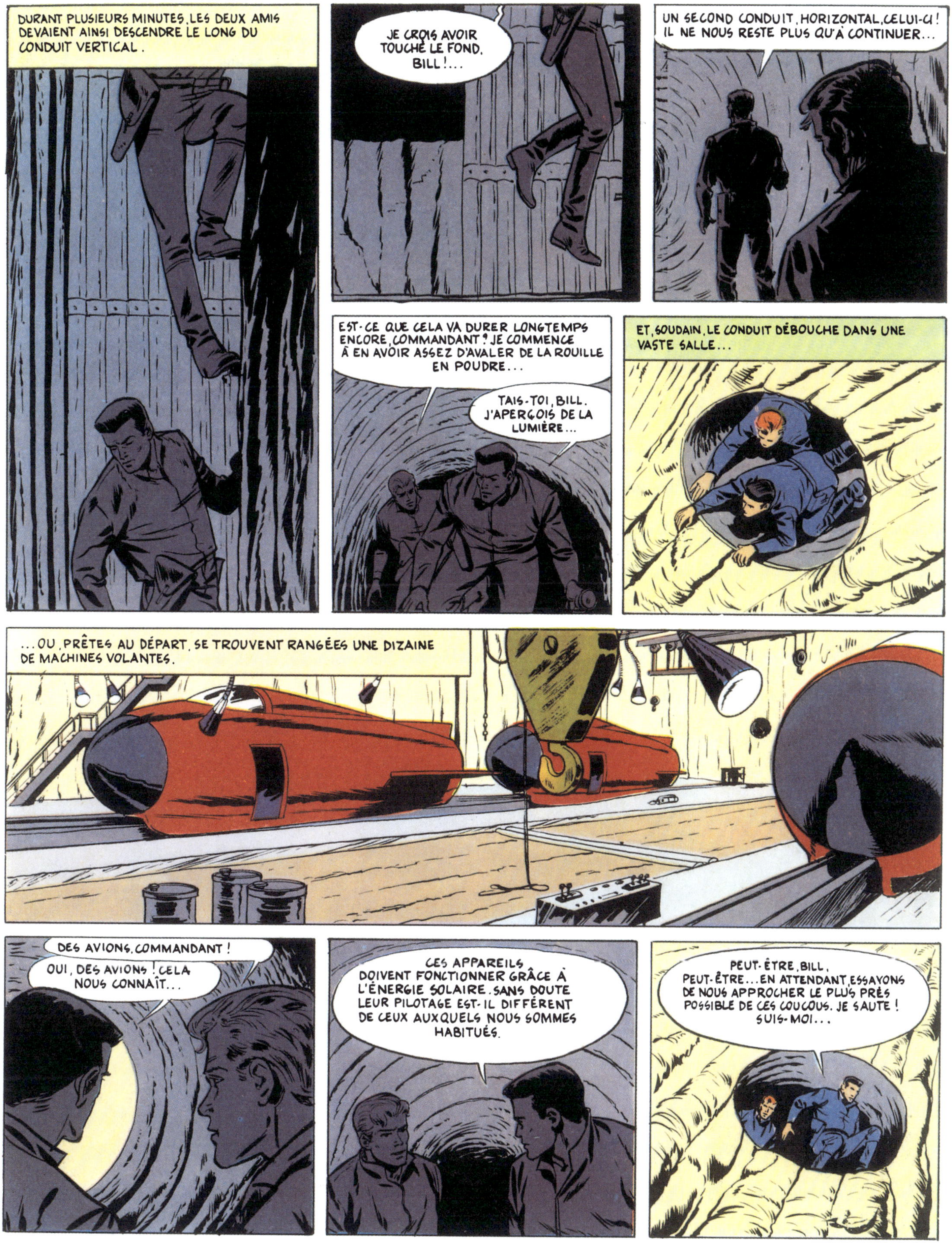
DURANT PLUSIEURS MINUTES, LES DEUX AMIS DEVAIENT AINSI DESCENDRE LE LONG DU CONDUIT VERTICAL.
JE CROIS AVOIR TOUCHÉ LE FOND, BILL!...
UN SECOND CONDUIT, HORIZONTAL CELUI-CI! IL NE NOUS RESTE PLUS QU'À CONTINUER...
EST-CE QUE CELA VA DURER LONGTEMPS ENCORE, COMMANDANT? JE COMMENCE À EN AVOIR ASSEZ D'AVALER DE LA ROUILLE EN POUDRE...
TAIS-TOI, BILL. J'APERÇOIS DE LA LUMIÈRE...
ET, SOUDAIN, LE CONDUIT DÉBOUCHE DANS UNE VASTE SALLE...
...OU, PRÊTES AU DÉPART, SE TROUVENT RANGÉES UNE DIZAINE DE MACHINES VOLANTES.
DES AVIONS, COMMANDANT!
OUI, DES AVIONS! CELA NOUS CONNAÎT...
CES APPAREILS DOIVENT FONCTIONNER GRÂCE À L'ÉNERGIE SOLAIRE. SANS DOUTE LEUR PILOTAGE EST-IL DIFFÉRENT DE CEUX AUXQUELS NOUS SOMMES HABITUÉS.
PEUT-ÊTRE, BILL, PEUT-ÊTRE... EN ATTENDANT, ESSAYONS DE NOUS APPROCHER LE PLUS PRÈS POSSIBLE DE CES COUCOUS. JE SAUTE! SUIS-MOI...

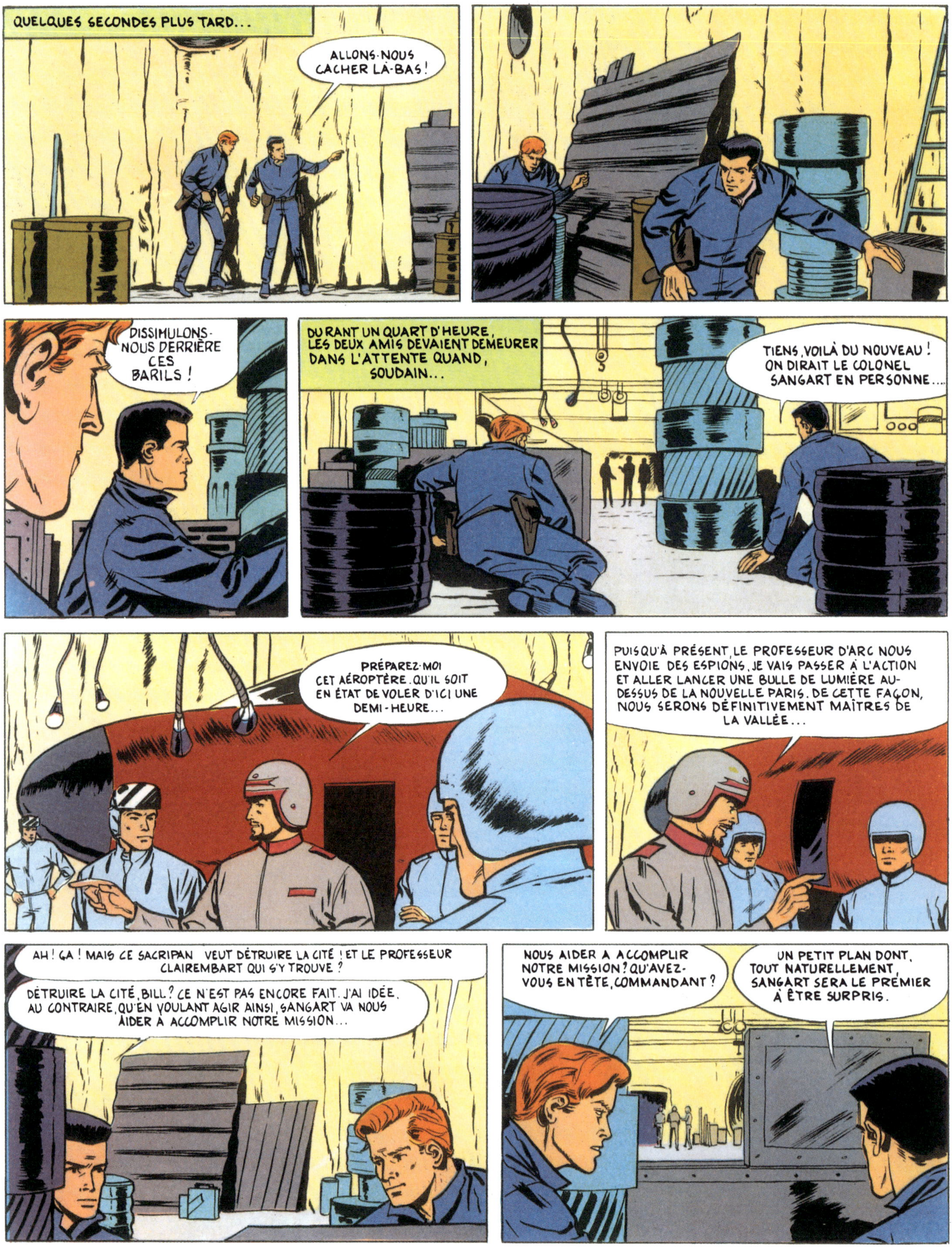
QUELQUES SECONDES PLUS TARD...
ALLONS-NOUS CACHER LÀ-BAS !
DISSIMULONS-NOUS DERRIÈRE CES BARILS !
DURANT UN QUART D'HEURE, LES DEUX AMIS DEVAIENT DEMEURER DANS L'ATTENTE QUAND, SOUDAIN...
TIENS, VOILÀ DU NOUVEAU ! ON DIRAIT LE COLONEL SANGART EN PERSONNE....
PRÉPAREZ-MOI CET AÉROPTÈRE. QU'IL SOIT EN ÉTAT DE VOLER D'ICI UNE DEMI-HEURE...
PUISQU'À PRÉSENT, LE PROFESSEUR D'ARC NOUS ENVOIE DES ESPIONS, JE VAIS PASSER À L'ACTION ET ALLER LANCER UNE BULLE DE LUMIÈRE AU-DESSUS DE LA NOUVELLE PARIS. DE CETTE FAÇON, NOUS SERONS DÉFINITIVEMENT MAÎTRES DE LA VALLÉE...
AH ! ÇA ! MAIS CE SACRIPAN VEUT DÉTRUIRE LA CITÉ ! ET LE PROFESSEUR CLAIREMBART QUI S'Y TROUVE ?
DÉTRUIRE LA CITÉ, BILL ? CE N'EST PAS ENCORE FAIT. J'AI IDÉE, AU CONTRAIRE, QU'EN VOULANT AGIR AINSI, SANGART VA NOUS AIDER À ACCOMPLIR NOTRE MISSION...
NOUS AIDER À ACCOMPLIR NOTRE MISSION ? QU'AVEZ-VOUS EN TÊTE, COMMANDANT ?
UN PETIT PLAN DONT, TOUT NATURELLEMENT, SANGART SERA LE PREMIER À ÊTRE SURPRIS.

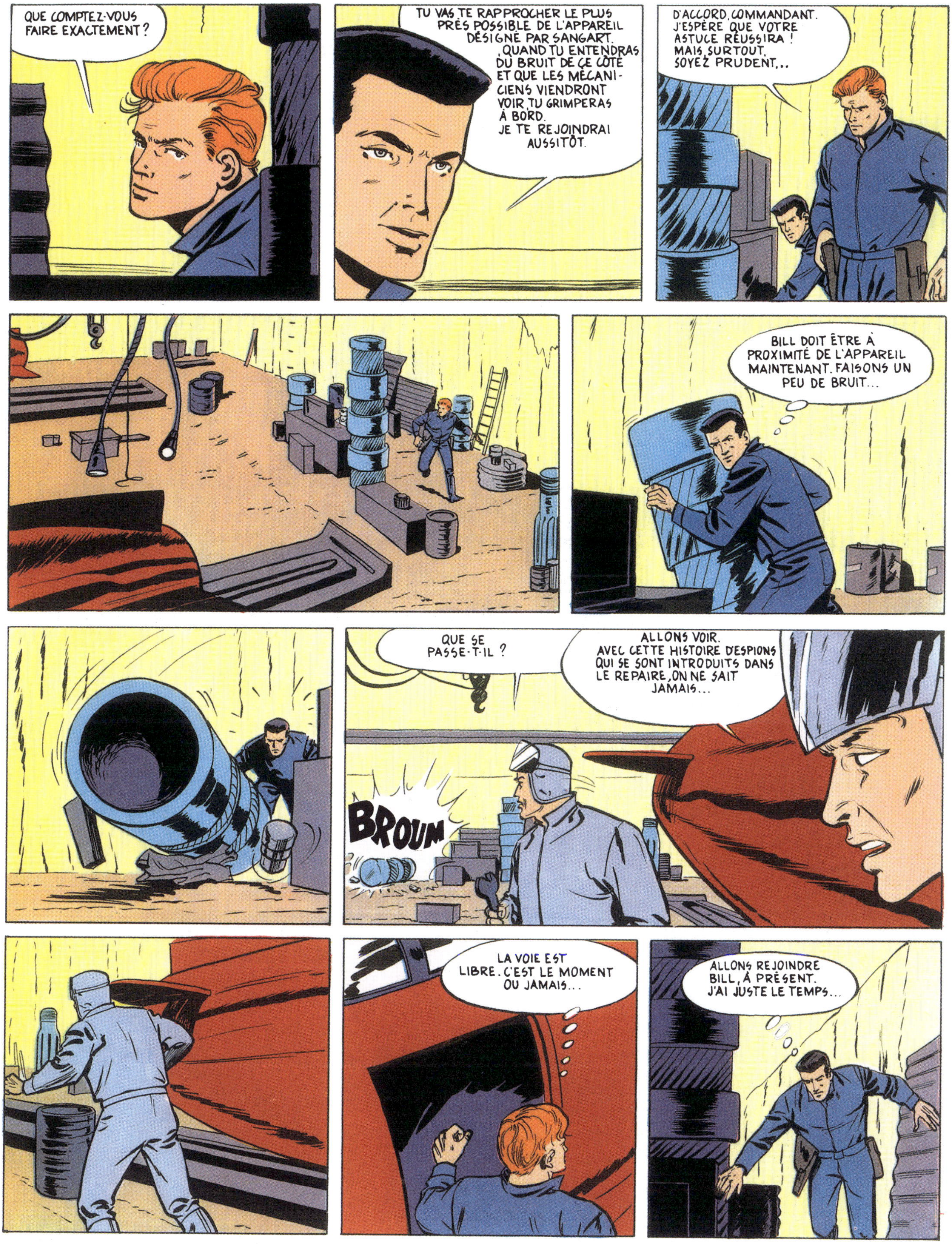

QUE COMPTEZ-VOUS FAIRE EXACTEMENT ?
TU VAS TE RAPPROCHER LE PLUS PRÈS POSSIBLE DE L'APPAREIL DÉSIGNÉ PAR SANGART. QUAND TU ENTENDRAS DU BRUIT DE CE CÔTÉ ET QUE LES MÉCANICIENS VIENDRONT VOIR, TU GRIMPERAS À BORD. JE TE REJOINDRAI AUSSITÔT.
D'ACCORD, COMMANDANT. J'ESPÈRE QUE VOTRE ASTUCE RÉUSSIRA ! MAIS, SURTOUT, SOYEZ PRUDENT...
BILL DOIT ÊTRE À PROXIMITÉ DE L'APPAREIL MAINTENANT. FAISONS UN PEU DE BRUIT...
QUE SE PASSE-T-IL ?
ALLONS VOIR. AVEC CETTE HISTOIRE D'ESPIONS QUI SE SONT INTRODUITS DANS LE REPAIRE, ON NE SAIT JAMAIS...
BROUM
LA VOIE EST LIBRE. C'EST LE MOMENT OU JAMAIS...
ALLONS REJOINDRE BILL, À PRÉSENT. J'AI JUSTE LE TEMPS...

JE T'AVAIS DIT QUE CETTE VIEILLE FERRAILLE ÉTAIT MAL EN ÉQUILIBRE ET QU'UN JOUR OU L'AUTRE ELLE ALLAIT TOMBER SUR LE PIED DE QUELQU'UN.
BAH ! RIEN DE SEMBLABLE N'EST ARRIVÉ. RETOURNONS À NOTRE TRAVAIL...
PENDANT CE TEMPS...
ÇA VA COMMANDANT ...PERSONNE !!!
À PRÉSENT, NOUS N'AVONS PLUS QU'À ATTENDRE LE BON VOULOIR DE SANGART.
OUI... MAIS SILENCE... LES MÉCANICIENS NE VONT PLUS TARDER À REVENIR.
L'ATTENTE DEVAIT ÊTRE DE COURTE DURÉE...
L'APPAREIL EST-IL PRÊT POUR LE DÉPART ? LE CANON À BULLES DE LUMIÈRE RÉGLÉ ?...
TOUT EST EN ORDRE, COLONEL. ET LES ESPIONS, LES A-T-ON RETROUVÉS ?
PAS LA MOINDRE TRACE JUSQU'À PRÉSENT. MAIS RASSUREZ-VOUS, ILS N'ONT PU S'ÉCHAPPER, ET L'ONI FINIRA BIEN PAR LES DÉCOUVRIR.
BROUUMM
DANS QUELQUES MINUTES, LA NOUVELLE PARIS SERA DÉTRUITE, ET JE SERAI DÉFINITIVEMENT MAÎTRE DE LA VALLÉE. ENSUITE, PEUT-ÊTRE, POURRAI-JE DICTER MES CONDITIONS AU MONDE !

BZOOUUMMMM
ÇA Y EST COMMANDANT. ON EST PARTIS !
CELA VA ÊTRE À NOTRE TOUR D'ENTRER EN SCÈNE...
SES RÉACTEURS SOLAIRES LANCÉS À TOUTE PUISSANCE, L'APPAREIL FONCE EN DIRECTION DE LA CITÉ.
BOB ET BILL SORTENT DE LEUR CACHETTE...
ÇA VA ÊTRE LE MOMENT !... BIENTÔT, PLUS PERSONNE NE POURRA S'OPPOSER À MOI... UN... DEUX... TROIS... PIQUONS !...
COMME BOB ET SON COMPAGNON S'AVANCENT VERS SANGART, ILS SONT SURPRIS PAR UNE BRUSQUE ACCÉLÉRATION.
COMMANDANT, LE PROFESSEUR CLAIREMBART EST LÀ, EN BAS !... IL FAUT...
DANS UN SURSAUT ULTIME, MORANE SE PRÉCIPITE SUR SANGART...

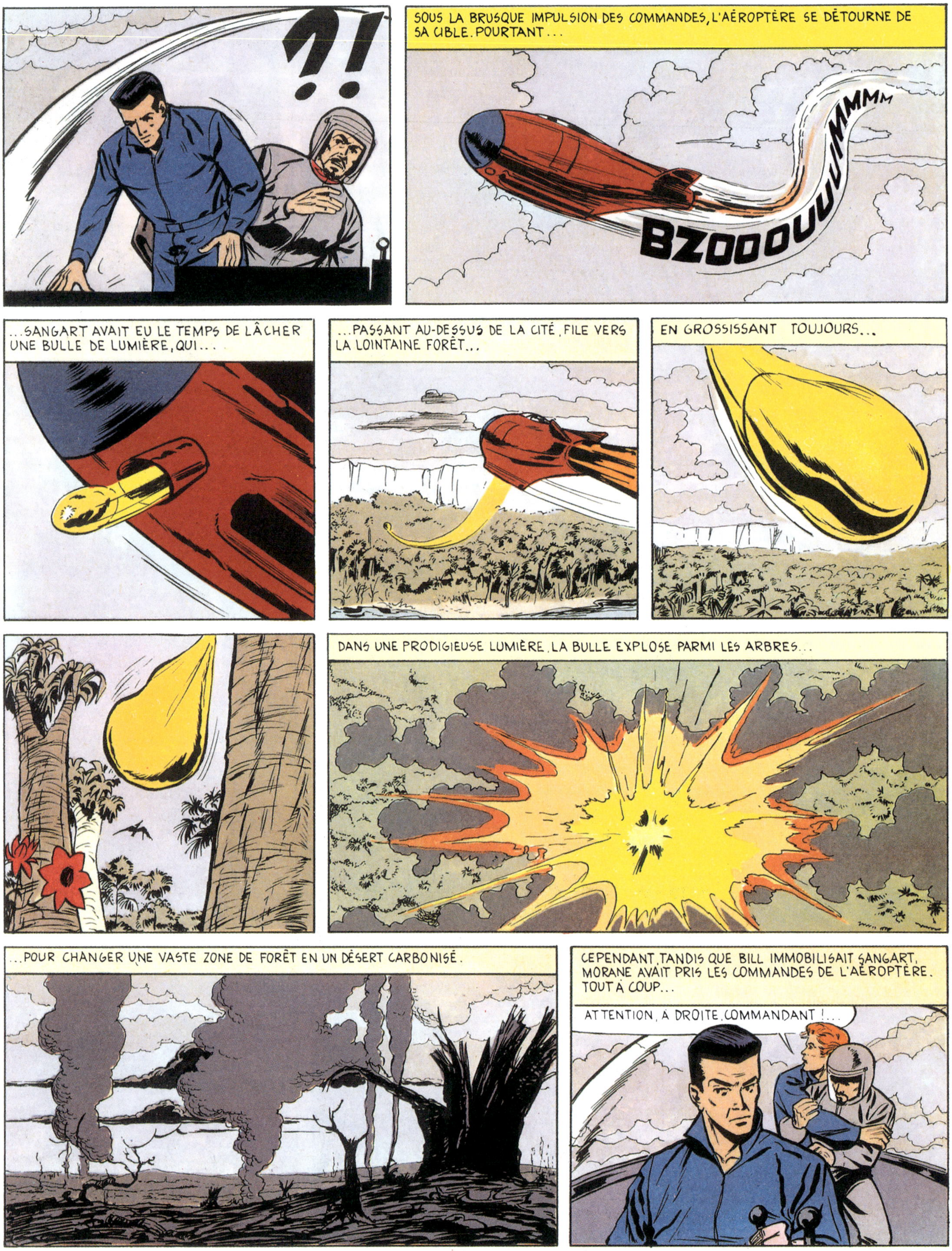
?!
SOUS LA BRUSQUE IMPULSION DES COMMANDES, L'AÉROPTÈRE SE DÉTOURNE DE SA CIBLE. POURTANT...
BZOOOUUUUMMMM
...SANGART AVAIT EU LE TEMPS DE LÂCHER UNE BULLE DE LUMIÈRE, QUI...
...PASSANT AU-DESSUS DE LA CITÉ, FILE VERS LA LOINTAINE FORÊT...
EN GROSSISSANT TOUJOURS...
DANS UNE PRODIGIEUSE LUMIÈRE, LA BULLE EXPLOSE PARMI LES ARBRES...
...POUR CHANGER UNE VASTE ZONE DE FORÊT EN UN DÉSERT CARBONISÉ.
CEPENDANT, TANDIS QUE BILL IMMOBILISAIT SANGART, MORANE AVAIT PRIS LES COMMANDES DE L'AÉROPTÈRE. TOUT À COUP...
ATTENTION, À DROITE, COMMANDANT !...

DEUX AEROPTÈRES, COMMANDANT ! ET ILS VIENNENT VERS NOUS.
SANS DOUTE DES APPAREILS CHARGÉS DE LA DÉFENSE DE LA CITÉ...
ILS NOUS ATTAQUENT, COMMANDANT !... DÉFENDONS-NOUS !
NON, BILL ! CE SONT DES AMIS !... IL NOUS FAUT TENTER DE LEUR ÉCHAPPER EN NOUS POSANT...
REFUSANT LE COMBAT, MORANE CHERCHE À FUIR...
ACCROCHE-TOI BIEN, BILL ! JE VAIS TENTER DE ME POSER SUR LE VENTRE...
ET SOUDAIN, C'EST L'INÉVITABLE COLLISION...
CRASH

LE COLONEL ME SEMBLE ÉVANOUI. ET VOUS, COMMANDANT, INTACT ?
RIEN DE CASSÉ. MAIS FILONS D'ICI. AVANT LONGTEMPS L'ENDROIT POURRAIT DEVENIR MALSAIN...
À TERRE VITE !...
VLDOOMMM
OUF ! IL ÉTAIT MOINS UNE... QUEL FEU D'ARTIFICE !..
TIENS, VOICI NOTRE COLONEL QUI REPREND SES ESPRITS.
OÙ SUIS-JE ?
VOUS ÊTES EN BONNES MAINS, RASSUREZ-VOUS. NOUS ALLONS VOUS RAMENER A LA NOUVELLE PARIS...
SI NOUS Y ARRIVONS JAMAIS, ÉCOUTEZ...

À QUI AVONS NOUS AFFAIRE, CETTE FOIS ?
WAP!
WAP
WAP!
WAP
WAP
LES CÉRATOSAURES NAINS. ILS SONT À PEINE PLUS GRANDS QUE DES CHIENS, MAIS ILS CHASSENT EN BANDE, COMME LES LOUPS. FUYONS, OU NOUS SOMMES PERDUS !...
WAP!
WAP!
WAP! WAP
WAP!
WAP!
WAP!
WAP!
WAP!
AFFAMÉE, LA BANDE DES PETITS DINOSAURIENS CARNIVORES S'EST LANCÉE SUR LES TRACES DES TROIS HOMMES...
WAP!
WAP!
WAP!
WAP!
WAP
ILS GAGNENT DU TERRAIN ! JE VAIS ESSAYER DE LES RETARDER...
WAP!
WAP!
PENDANT QUE LES CÉRATOSAURES DÉVORENT LEURS CONGÉNÈRES ABATTUS...

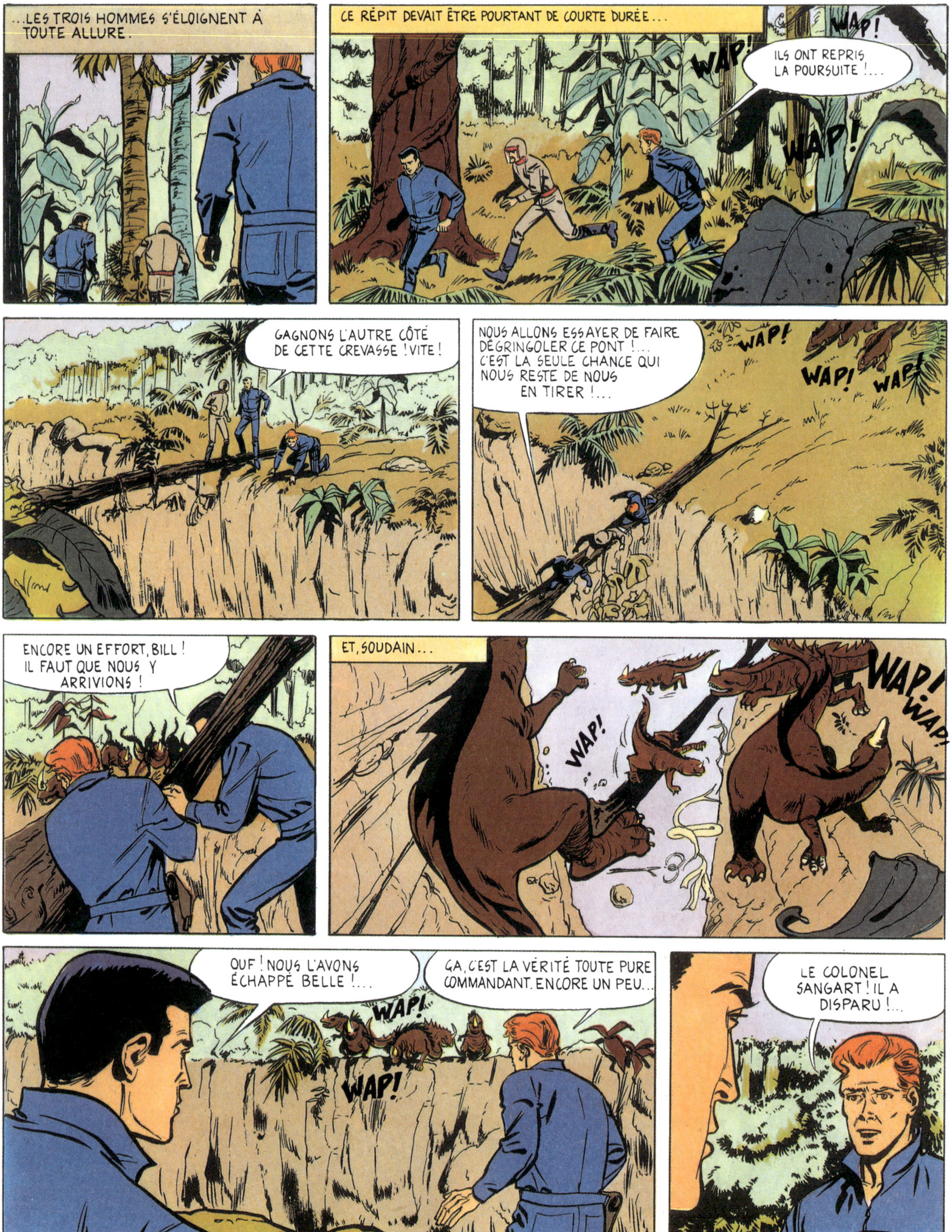
...LES TROIS HOMMES S'ÉLOIGNENT À TOUTE ALLURE.
CE RÉPIT DEVAIT ÊTRE POURTANT DE COURTE DURÉE...
WAP!
WAP!
ILS ONT REPRIS LA POURSUITE !...
WAP!
GAGNONS L'AUTRE CÔTÉ DE CETTE CREVASSE ! VITE !
NOUS ALLONS ESSAYER DE FAIRE DÉGRINGOLER CE PONT !... C'EST LA SEULE CHANCE QUI NOUS RESTE DE NOUS EN TIRER !...
WAP!
WAP!
WAP!
ENCORE UN EFFORT, BILL ! IL FAUT QUE NOUS Y ARRIVIONS !
ET, SOUDAIN...
WAP!
WAP!
WAP!
OUF ! NOUS L'AVONS ÉCHAPPÉ BELLE !...
ÇA, C'EST LA VÉRITÉ TOUTE PURE COMMANDANT. ENCORE UN PEU...
WAP!
WAP!
LE COLONEL SANGART ! IL A DISPARU !...

IL DOIT ÊTRE PARTI PAR LÀ !... POURSUIVONS-LE !
LES DEUX AMIS SE SONT LANCÉS SUR LES TRACES DU FUYARD...
QUELQUES MINUTES PLUS TARD, CEPENDANT...
RIEN À FAIRE. JE ME DEMANDE OÙ IL PEUT BIEN ÊTRE PASSÉ...
IL NE S'EST TOUT DE MÊME PAS VOLATILISÉ !
DES TRACES DE PAS, COMMANDANT. IL DOIT ÊTRE PASSÉ PAR LÀ !...
LA POURSUITE REPREND...
CEPENDANT, UNE DÉSAGRÉABLE SURPRISE ATTENDAIT NOS AMIS...
ATTENTION, COMMANDANT !
À PRÉSENT, LES RÔLES SONT RENVERSÉS. C'EST MOI QUI...

ATTENTION, DERRIÈRE VOUS, COLONEL !
ET, SOUDAIN, DE DERRIÈRE LE RIDEAU D'ARBRES...
...UN ALLIÉ SURVIENT.
LÂCHEZ-MOI !... MAIS LÂCHEZ-MOI DONC !
NOUS SOMMES À LA RECHERCHE DE L'APPAREIL ABATTU ET C'EST VOUS, COMMANDANT MORANE, QUE NOUS RETROUVONS... EN COMPAGNIE DU COLONEL SANGART. LE PROFESSEUR D'ARC SERA HEUREUX DE VOUS REVOIR...
SE FRAYANT UN CHEMIN À TRAVERS LA JUNGLE, LE CRABE SE DIRIGE VERS LE LAC...
ET, UNE HEURE PLUS TARD...
CONTENT DE VOUS REVOIR, PROFESSEUR !
ET MOI DONC ! J'AI CRU QUE VOUS NE REVIENDRIEZ JAMAIS, MES AMIS...
NON SEULEMENT, VOUS AVEZ RAMENÉ SANGART, MAIS VOUS AVEZ SAUVÉ LA CITÉ D'UNE DESTRUCTION TOTALE. MA RECONNAISSANCE VOUS EST ACQUISE À JAMAIS...

COLONEL SANGART, VOUS ÊTES UN CRIMINEL! SANS L'INTERVENTION DU COMMANDANT MORANE, VOUS DÉTRUISIEZ NOTRE CITÉ.
J'ÉTAIS AVEUGLE, PROFESSEUR! ME PARDONNEREZ-VOUS JAMAIS?
VOUS PARDONNER?... PEUT-ÊTRE... EN ATTENDANT, VOUS SEREZ GARDÉ À VUE...
UN PEU PLUS TARD...
MES AMIS, LES HABITANTS DE LA NOUVELLE PARIS VOUS DOIVENT LA VIE. SI JE PUIS FAIRE QUELQUE CHOSE QUI VOUS SOIT AGRÉABLE...
RENDEZ-NOUS LA LIBERTÉ, PROFESSEUR. LÀ-BAS, ON DOIT S'INQUIÉTER DE NOTRE SORT...
LEUR LIBERTÉ... JE SAVAIS QU'ILS ME DEMANDERAIT CELA... APRÈS LE SERVICE QU'ILS VIENNENT DE NOUS RENDRE, PUIS-JE LA LEUR REFUSER?
CETTE LIBERTÉ, JE VOUS L'ACCORDE, MAIS IL FAUDRA ME PROMETTRE DE NE RÉVÉLER À PERSONNE L'EXISTENCE DE CETTE VALLÉE...
VOUS AVEZ NOTRE PAROLE, PROFESSEUR...
JE VOUS FAIS CONFIANCE, MES AMIS. DEMAIN JE VOUS MÈNERAI À L'ÉPAVE DE VOTRE AVION. EN ATTENDANT, SOYEZ MES HÔTES...
CE SOIR-LÀ, UN GRAND DÎNER DEVAIT ÊTRE OFFERT EN L'HONNEUR DE MORANE ET DE SES AMIS...

ET, LE LENDEMAIN MATIN...
NOUS APPROCHONS... JE VAIS ME POSER...
VOTRE APPAREIL SE TROUVE DERRIÈRE CES COLLINES. ADIEU, MES AMIS, JE NE VOUS OUBLIERAI PAS...
NOUS N'OUBLIERONS JAMAIS NON PLUS LES HEURES PASSÉES PARMI VOTRE PETIT PEUPLE...
ADIEU, PROFESSEUR!
ET COMPTEZ SUR NOTRE DISCRÉTION. NOUS SERONS MUETS COMME DES MOMIES...
APRÈS LES ADIEUX AUX TROIS EXPLORATEURS, LE PROFESSEUR DUPONT D'ARC REGAGNE LA CITÉ PERDUE DE L'ANTARCTIQUE...
SANS ÉCHANGER UNE SEULE PAROLE, BOB ET SES COMPAGNONS SE DIRIGENT VERS L'ENDROIT OÙ ILS ONT LAISSÉ L'ÉPAVE DE L'AVION...
LÀ, CEPENDANT, UNE SURPRISE DEVAIT LES ATTENDRE...
LES VOILÀ ! CE SONT EUX !
NOUS VOUS CROYIONS MORTS. OÙ ÉTIEZ-VOUS DONC ?
NOUS ÉTIONS ALLÉS FAIRE UN TOUR JUSQU'À LA CITÉ DES GLACES...
LA CITÉ DES GLACES ? ELLE EXISTERAIT DONC ?
LA CITÉ DES GLACES... C'EST UNE FAÇON DE PARLER. IL S'AGISSAIT BIEN DE SÉRACS, N'EST-CE PAS, PROFESSEUR ?
OUI, BOB, SEULEMENT DES SÉRACS. RIEN QUE DES SERACS !!!

bob morane

CONTRE LA
TERREUR VERTE

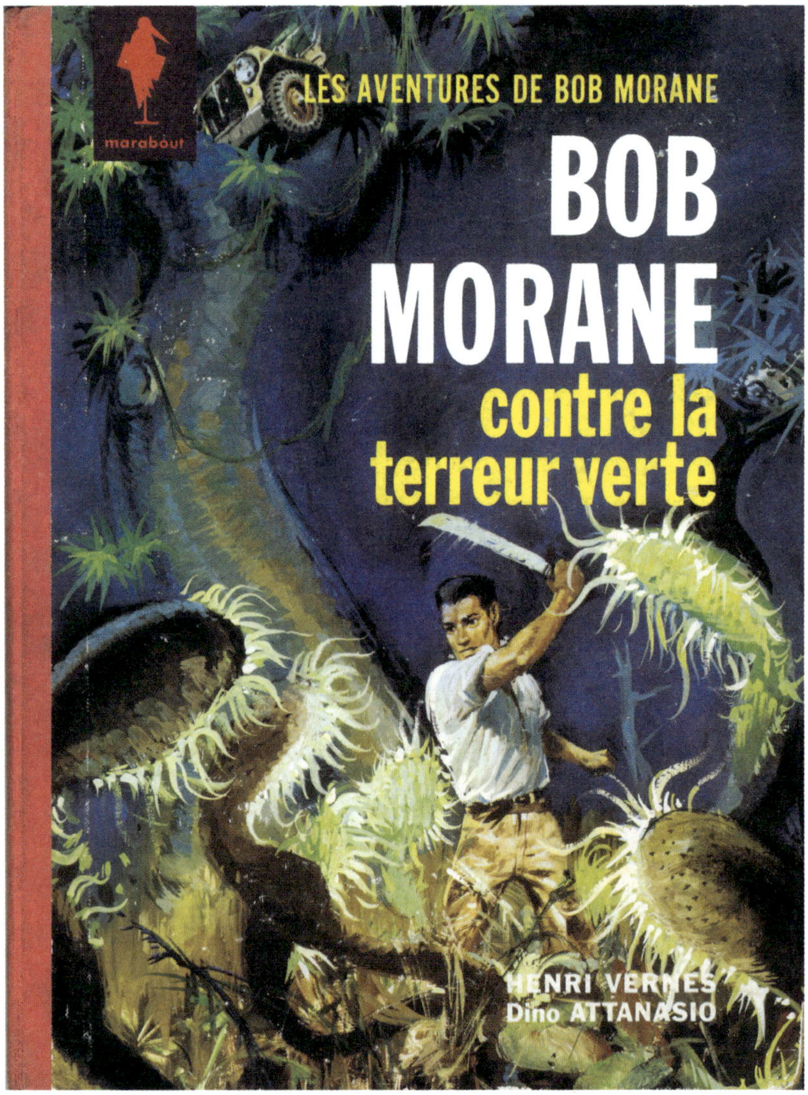

Prépublication dans *Femmes d'Aujourd'hui* en 1960 et 1961.
Première édition Marabout en 1963 (60 planches).

Prépubliée en 1960 et 1961 dans *Femmes d'aujourd'hui*, *La Terreur verte* – troisième adaptation BD des aventures de Bob Morane – était découpée en 60 planches. Pour des raisons économiques, la direction de Marabout a décidé que 56 planches seulement seraient éditées en album.
Le mot « fin » a alors été ajouté, même si l'histoire n'était pas tout à fait terminée. Ne vous étonnez donc pas s'il apparaît deux fois dans les pages qui suivent. Nous avons en effet ajouté les quatre pages qui permettent de vous présenter la version originale dans son intégralité.

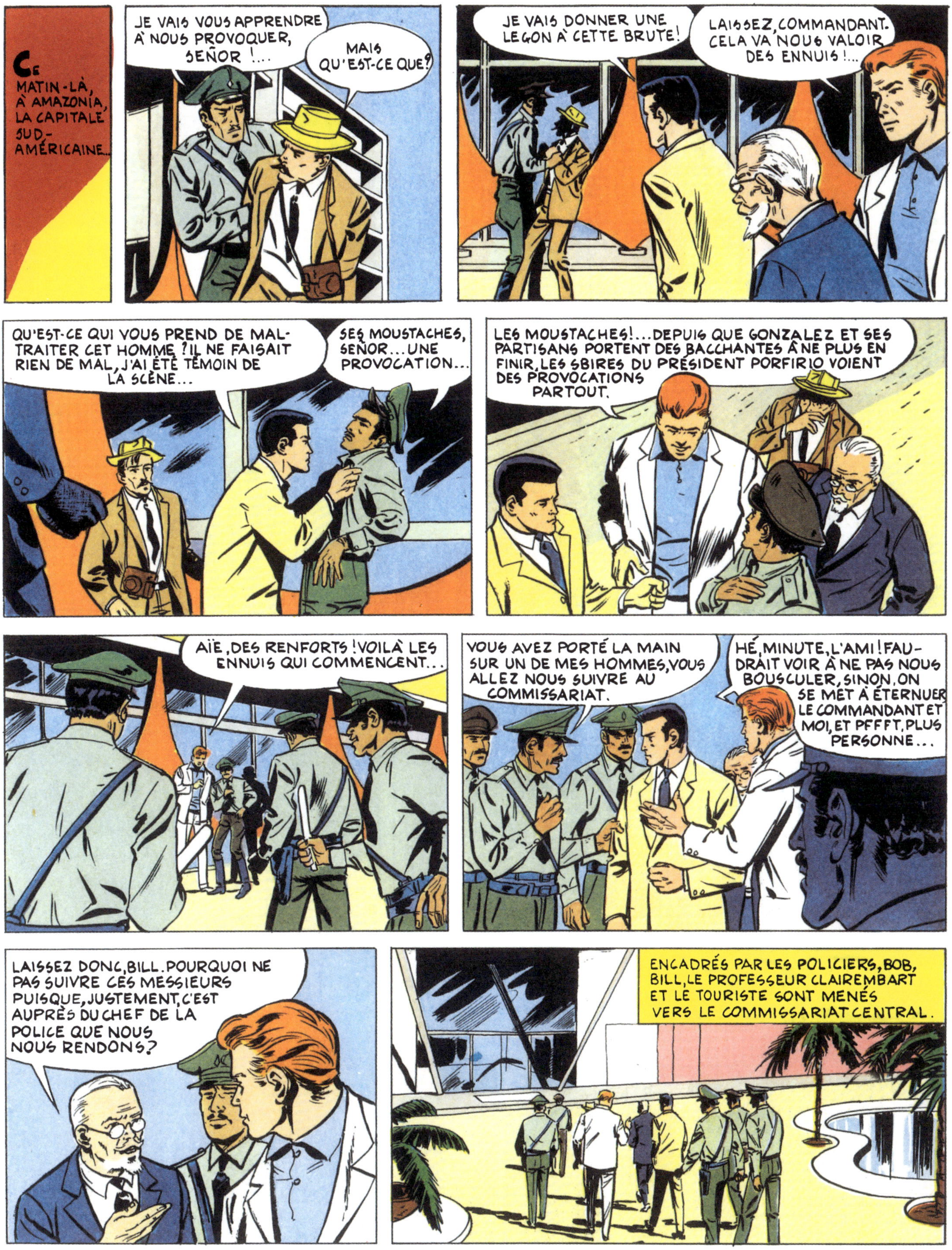

Ce MATIN-LÀ, À AMAZONIA, LA CAPITALE SUD-AMÉRICAINE...
JE VAIS VOUS APPRENDRE À NOUS PROVOQUER, SEÑOR !...
MAIS QU'EST-CE QUE?
JE VAIS DONNER UNE LEÇON À CETTE BRUTE!
LAISSEZ, COMMANDANT. CELA VA NOUS VALOIR DES ENNUIS !...
QU'EST-CE QUI VOUS PREND DE MAL-TRAITER CET HOMME ? IL NE FAISAIT RIEN DE MAL, J'AI ÉTÉ TÉMOIN DE LA SCÈNE...
SES MOUSTACHES, SEÑOR... UNE PROVOCATION...
LES MOUSTACHES!... DEPUIS QUE GONZALEZ ET SES PARTISANS PORTENT DES BACCHANTES À NE PLUS EN FINIR, LES SBIRES DU PRÉSIDENT PORFIRIO VOIENT DES PROVOCATIONS PARTOUT.
AÏE, DES RENFORTS ! VOILÀ LES ENNUIS QUI COMMENCENT...
VOUS AVEZ PORTÉ LA MAIN SUR UN DE MES HOMMES, VOUS ALLEZ NOUS SUIVRE AU COMMISSARIAT.
HÉ, MINUTE, L'AMI ! FAUDRAIT VOIR À NE PAS NOUS BOUSCULER, SINON, ON SE MET À ÉTERNUER LE COMMANDANT ET MOI, ET PFFFT, PLUS PERSONNE...
LAISSEZ DONC, BILL. POURQUOI NE PAS SUIVRE CES MESSIEURS PUISQUE, JUSTEMENT, C'EST AUPRÈS DU CHEF DE LA POLICE QUE NOUS NOUS RENDONS?
ENCADRÉS PAR LES POLICIERS, BOB, BILL, LE PROFESSEUR CLAIREMBART ET LE TOURISTE SONT MENÉS VERS LE COMMISSARIAT CENTRAL.

QUELQUES MINUTES PLUS TARD, LES QUATRE HOMMES SONT INTRODUITS DANS LE BUREAU DU COMMISSAIRE.
QU'EST-CE QUE J'ENTENDS, SEÑOR MORANE, QUE VOUS PACTISEZ AVEC LES MOSTACHOSOS ?
AVANT DE VOUS AVANCER PLUS LOIN, SEÑOR COMISARIO, VEUILLEZ JETER UN COUP D'OEIL SUR CES DOCUMENTS.
LE DIRECTEUR DE LA BANQUE INTERNATIONALE! SI J'AVAIS SU! TOUS MES REGRETS, SEÑOR... LE POLICIER QUI VOUS A MANQUÉ DE RESPECT SERA CHÂTIÉ...
TOUS MES REGRETS, SEÑOR... TOUS MES REGRETS... LE RESPONSABLE SERA CHÂTIÉ... MES EXCUSES LES PLUS PLATES...
ET VOUS, POURQUOI NE VOUS MÊLEZ-VOUS PAS DE VOS AFFAIRES ?
NOUS VENIONS VOUS VOIR POUR NOTRE PERMIS ET...
AH ! OUI, VOTRE PERMIS DE QUITTER AMAZONIA POUR VOUS ENFONCER DANS LA FORÊT À LA RECHERCHE DE CE TEMPLE INCA...
EH, BIEN ! VOUS NE L'AUREZ PAS, VOTRE PERMIS. ET JE VOUS INTERDIS DE QUITTER LA VILLE ! M'ENTENDEZ ?... MAINTENANT, SORTEZ D'ICI !...
VOUS DÉBROUSSAILLEZ LA FORÊT À COUPS DE BOMBES ATOMIQUES POUR Y FONDER UNE VILLE ULTRA-MODERNE, MAIS VOUS ÊTES DES SIÈCLES EN RETARD. J'AI BIEN ENVIE DE VOUS MONTRER...
VENEZ, BILL... LA VIOLENCE NE SERVIRAIT QU'À AGGRAVER NOTRE CAS...
OUI... ET PUIS, SI LE COMMISSAIRE NOUS REFUSE CE PERMIS, NOUS NOUS EN PASSERONS.

UNE DEMI-HEURE APRÈS LEUR ENTREVUE AVEC LE CHEF DE LA POLICE, BOB ET SES AMIS TIENNENT CONSEIL.
PARTIR MALGRÉ TOUT, C'EST BIEN, MAIS COMMENT ?
OUI, COMMENT ? SI CET ESPÈCE DE PÉCARI ENRAGÉ DE COMMISSAIRE APPREND QUE NOUS TENTONS DE QUITTER LA VILLE AVEC UNE EXPÉDITION, IL NOUS FERA AUSSITÔT ARRÊTER.
ET L'AVION, QU'EN FAITES-VOUS ? IL NOUS SUFFIRA DE TROUVER UN APPAREIL, DE NOUS ENVOLER À SON BORD ET DE DÉCOUVRIR UN COIN PROPRE À ATTERRIR À PROXIMITÉ DU TEMPLE...
C'EST CELA, UN AVION... CHERCHONS UN AVION !
LE TOUT N'EST PAS DE LE CHERCHER, MAIS DE LE TROUVER !
CELA NE DOIT PAS ÊTRE IMPOSSIBLE DANS CETTE VILLE CHAMPIGNON, OU AUX ALENTOURS. METTONS-NOUS EN QUÊTE SANS TARDER...
QUELQUES MINUTES PLUS TARD...
CONNAISSEZ-VOUS UN ENDROIT OÙ NOUS POURRIONS ACHETER OU LOUER UN AVION ?
ACHETER OU LOUER UN AVION ? ATTENDEZ... J'Y SUIS ! VOYEZ ANSELMO RODRIGUEZ. IL S'EST MIS EN TÊTE DE FONDER UN CLUB PRIVÉ D'AVIATION ET A ACHETÉ UN TAS DE VIEUX APPAREILS AUX SURPLUS. C'EST AU SUD DE LA VILLE. N'IMPORTE QUEL CHAUFFEUR DE TAXI VOUS Y CONDUIRA...
AYANT HÉLÉ UN TAXI, BOB, BILL BALLANTINE ET LE PROFESSEUR CLAIREMBART SE DIRIGENT VERS LE SUD DE LA VILLE, À LA RECHERCHE DE L'AÉRO-CLUB DIRIGÉ PAR ANSELMO RODRIGUEZ.
EXPRESSO
SUL - AMERICA
HOTEL
NOUS VOUDRIONS PARLER AU SEÑOR RODRIGUEZ. POUVEZ-VOUS NOUS CONDUIRE AUPRÈS DE LUI ?
JE SUIS ANSELMO RODRIGUEZ. QUE PUIS-JE POUR LE SEÑOR GRINGO ?

NOUS DÉSIRERIONS ACHETER UN AVION CAPABLE D'EMPORTER TROIS HOMMES AVEC DES BAGAGES.
J'AI CE QU'IL VOUS FAUT, SEÑORES. UN MERVEILLEUX APPAREIL DONT VOUS ME DIREZ DES NOUVELLES! SI VOUS VOULEZ ME SUIVRE...
VOUS ALLEZ VOIR, UN PETIT BIJOU !...
VOUS AI-JE MENTI, SEÑORES? N'EST-CE PAS UN VRAI JOYAU ?
SI C'EST UN JOYAU, LE MOINS QU'ON PUISSE EN DIRE, C'EST QU'IL EST DE TAILLE ANCIENNE...
NOUS LE PRENONS, À CONDITION QU'IL SOIT EN ÉTAT DE MARCHE ET QUE VOTRE PRIX NE SOIT PAS EXAGÉRÉ. QU'EN DEMANDEZ-VOUS ?
VINGT MILLE PESOS AMAZONIENS, SEÑOR...
VINGT MILLE PESOS! POUR CELA, IL FAUDRAIT AU MOINS QUE CE ZINC SOIT CHARGÉ D'OR. NOUS VOUS EN DONNONS DIX MILLE. C'EST À PRENDRE OU À LAISSER.
DIX MILLE PESOS! MAIS, SEÑOR, VOUS VOULEZ ME PRENDRE LA VIE! ME FENDRE LE CŒUR! ME RUINER!
MON AMI A DIT DIX MILLE PESOS! PAS UN CENTAVO DE PLUS. ET VOUS FAITES ENCORE UNE AFFAIRE.
PUISQUE VOUS INSISTEZ, SEÑORES, JE NE PUIS QUE M'INCLINER.
VOILÀ DONC LE MARCHÉ CONCLU. TOI, BILL, TU VAS PASSER CE COUCOU À LA LOUPE, POUR VOIR S'IL EST EN ÉTAT DE VOL. PENDANT CE TEMPS, LE PROFESSEUR ET MOI NOUS NOUS OCCUPERONS DES BAGAGES ET DU MATÉRIEL.
CEPENDANT, NOS AMIS NE SE DOUTAIENT PAS QUE QUELQU'UN LES SURVEILLAIT DISCRÈTEMENT.

PENDANT PLUSIEURS HEURES, BILL DEVAIT S'AFFAIRER AUTOUR DE L'APPAREIL.
QUAND BOB MORANE ET LE PROFESSEUR CLAIREMBART ARRIVENT AVEC LES BAGAGES, TOUT EST PRÊT POUR LE DÉPART.
MAIS, EN MÊME TEMPS QUE MATÉRIEL ET PROVISIONS, MORANE ET LE PROFESSEUR APPORTENT DE MAUVAISES NOUVELLES.
VITE ! OPÉRONS LE CHARGEMENT. TANT QUE NOUS ÉTIONS EN VILLE, NOUS AVONS ÉTÉ SURVEILLÉS SANS CESSE. J'AI PEUR QUE LES ARGOUSINS DE NOTRE AMI LE COMMISSAIRE N'INTERVIENNENT !...
ON VA EN METTRE UN COUP, COMMANDANT ! LE COUCOU SERA CHARGÉ EN UN CLIN D'ŒIL, ET NOUS N'AURONS PLUS QU'À PRENDRE L'AIR.
EN HÂTE, LES BAGAGES DE L'EXPÉDITION SONT HISSÉS À BORD.
TOUT EST PRÊT POUR LE DÉPART, QUAND...
LA POLICE, SEÑORES, LA POLICE !...

BILL ! PROFESSEUR ! À BORD! VITE !
ON PEUT DIRE QUE NOUS NOUS SOMMES ENVOLÉS JUSTE À TEMPS !
NE CRIONS PAS TROP TÔT VICTOIRE, PROFESSEUR.
BRZZZZZ
ET, QUELQUES SECONDES PLUS TARD.
AU SECOURS!
BRRRR

MÊME LES GUÊPES PRENNENT NOTRE PARTI, ET L'ON DIRA ENCORE QUE LES ANIMAUX N'ONT PAS DE BON SENS !...
ILS EN ONT BIEN DAVANTAGE QU'UN CHEF DE POLICE DE NOTRE CONNAISSANCE. MAIS JE CROIS, BOB, QU'IL SERAIT TEMPS DE SONGER AUX CHOSES SÉRIEUSES.
VOUS AVEZ RAISON, PROFESSEUR. METTONS LE CAP SUR LES MONTS D'ÉMERAUDE, OÙ SE TROUVE VOTRE TEMPLE...
L'AVION SURVOLE AMAZONIA, CITÉ CONSTRUITE UN AN PLUS TÔT À PEINE, SUR UNE ZONE DE FORÊT DÉFRICHÉE À L'AIDE DE BOMBES ATOMIQUES. UNE FOIS LES DANGERS DE RADIOACTIVITÉ ÉCARTÉS, LES BÂTISSEURS S'ÉTAIENT MIS À L'ŒUVRE.
UN GRAND COUP DE CHAPEAU AU GÉNIE CRÉATEUR DES HOMMES !...
PAS D'ACCORD, PROFESSEUR. CE SERAIT RENDRE HOMMAGE À LA MÉGALOMANIE DU TYRAN PORFIRIO.
BAH ! AVANT LONGTEMPS, LES MOSTACHOSOS DE GONZÁLEZ SE CHARGERONT BIEN DE LUI RABATTRE SON CAQUET, À CE PANTIN CHAMARRÉ.
CEPENDANT, TANDIS QUE LES TROIS AMIS VOLENT VERS LEUR BUT...
...UN HOMME SE LIVRE À UNE ÉTRANGE BESOGNE.
VA, PETIT PORTEUR DE NOUVELLES ! ET VIVA LOS MOSTACHOSOS !
PENDANT PLUSIEURS HEURES, SURVOLANT LA FORÊT SANS LIMITES...

...LONGEANT DES RIOS SAUVAGES...
...BONDISSANT PAR-DESSUS DES CRÊTES SINISTRES, L'AVION DEVAIT CONDUIRE MORANE ET SES AMIS VERS L'INCONNU.
LÀ-BAS, BOB, LES MONTS D'ÉMERAUDE !...
BROM
BROUM
BRAAAM
DES RATÉS AU MOTEUR ! VA-T-IL NOUS LÂCHER SI PRÈS DU BUT ?
JE VAIS ESSAYER DE ME POSER DANS CETTE CLAIRIÈRE !
BROUM
BROOUM
BRAAAM
BRAAAA
BROUM
AVANT DE JETER UN COUP D'ŒIL À CE MAUDIT MOULIN, JE VAIS UN PEU ME DÉROUIL-LER LES JAMBES !...
NE VOUS ÉLOIGNEZ PAS TROP, BILL. ON NE SAIT JAMAIS...
BZZZZZ

LES INDIENS !... ILS ONT ASSISTÉ À NOTRE ATTERRISSAGE !
DEUX TRIBUS HABITENT CES PARAGES, LES SANTIKOIMI ET LES SURUCUJU. LES PREMIERS, SANS ÊTRE TOUT À FAIT PAISIBLES, ONT EU DÉJÀ DES CONTACTS AVEC LES BLANCS. QUANT AUX SECONDS, LEUR NOM SIGNIFIE "MONSTRE", CE QUI SE PASSE DE COMMENTAIRE...
ESPÉRONS QUE C'EST AUX SANTIKOIMI QUE NOUS AVONS AFFAIRE...
OUI, MAIS COMMENT EN ÊTRE SÛRS ?
POURQUOI NE PAS LEUR OFFRIR DES CADEAUX ? S'IL S'AGIT DES SANTIKOIMI, CELA LES ATTIRERA PEUT-ÊTRE...
BOB MORANE ET SES COMPAGNONS DISPOSENT AUSSITÔT DES PRÉSENTS DE TOUTES SORTES, BIEN EN VUE, À QUELQUE DISTANCE DE L'AVION.
UN QUART D'HEURE PLUS TARD, CEPENDANT...
NOTRE PETIT TRUC N'A PAS L'AIR DE PRENDRE.
ET SI NOUS LEUR OFFRIONS UN PEU DE SPECTACLE ? CES ENFANTS DE LA NATURE DOIVENT AIMER LES TOURS DE FORCE.
UN SPECTACLE ? QU'ENTENDS-TU PAR LÀ, BILL ?
CE QUE J'ENTENDS PAR LÀ ? BEN, DES TRUCS DE CE GENRE, COMMANDANT...
IL Y A DE L'IDÉE DANS CETTE TÊTE D'ÉCOSSAIS. ET PUIS, DE TOUTE FAÇON, UN PEU D'EXERCICE NE NOUS FERA PAS DE MAL.
VENEZ, BEAUX MESSIEURS ET GENTES DAMES, ADMIRER LES ROIS DU CIRQUE DANS LEURS NUMÉROS EXTRAORDINAIRES. DE L'INÉDIT ! DE L'INCROYABLE ! ET CE N'EST RIEN À CÔTÉ DE CE QUE VOUS VERREZ À L'INTÉRIEUR !

TOUJOURS PLUS FORT ! ET LE TRAVAIL SE FAIT SANS FILET !
À MON TOUR DE MONTRER UN VIEUX TRUC QUE J'AI APPRIS DANS MA JEUNESSE...
CE SPECTACLE IMPROVISÉ SE DÉROULAIT SOUS LES YEUX D'UNE ASSISTANCE RAVIE, MAIS ENCORE HÉSITANTE...
APPROCHEZ ! APPROCHEZ ! LE SPECTACLE NE FAIT QUE COMMENCER !
UNE CHUTE GROTESQUE DE BILL BALLANTINE UNIT LES HOMMES BLANCS ET LES INDIENS DANS UNE GAÎTÉ COMMUNE.
À DES KILOMÈTRES DE LÀ CEPENDANT, QUELQU'UN VEILLAIT...

LES HOMMES BLANCS SONT VENUS EN AMIS. ILS ONT APPORTÉ DES CADEAUX POUR QUE VOUS LES AIDIEZ À TRAVERSER LA FORÊT...
SANTIKOIMI PAS COMPRENDRE CARAÏBA !
ILS PARLENT L'ARAWAKAN, JE CONNAIS CETTE LANGUE.
NOUS VOULONS NOUS RENDRE DANS LES MONTAGNES D'ÉMERAUDE, POUR CHERCHER UNE GRANDE CASE EN PIERRE CONSTRUITE PAR LES ANCÊTRES.
MONTAGNES D'ÉMERAUDE MAUVAIS COIN. LÀ-BAS, SURUCUJU. EUX ENNEMIS DES SANTIKOIMI.
NOUS AURONS DE LA PEINE À LES DÉCIDER À NOUS ACCOMPAGNER, ILS ONT PEUR DES SURUCUJU.
ET SI NOUS LES COMBLIONS DE PRÉSENTS ?
ET VOILÀ TOUTES LES PERLES DE CEYLAN ! TOUS LES DIAMANTS DE GOLCONDE !
CETTE DISTRIBUTION DE CADEAUX MET LA JOIE DES SANTIKOIMI À SON COMBLE.
LES SANTIKOIMI AIDERONT LES CARAÏBA SI L'HOMME AUX YEUX DOUBLES M'APPRENDRE À MANGER LE FEU...
ALLONS, PROFESSEUR, IL EST TEMPS DE DÉVOILER VOS PETITS TRUCS.
ET, QUELQUES MINUTES PLUS TARD...

MOI GRAND SORCIER MAINTENANT. PLUS CRAINDRE SURUCUJU. LES SANTIKOIMI ACCOMPAGNERONT CARAÏBA.
AUSSITÔT, TOUT LE MONDE SE PRÉPARE AU DÉPART.
LÀ-BAS, QUELQUE PART DANS LES MONTAGNES PROCHES, LE MYSTÉRIEUX VEILLEUR QUITTE SON PERCHOIR.
L'AVANCE À TRAVERS LA SELVA COMMENCE...
PENDANT PLUSIEURS JOURS, ELLE DEVAIT SE CONTINUER AINSI, INFERNALE, HARASSANTE...
ET MOI QUI AI TOUJOURS RÊVÉ DE POSSÉDER UNE GRANDE SERRE. JE SUIS SERVI...
VOUS PAS COUPER LIANE, OU MOURIR...

LÀ, PIÈGE SURUCUJU...
SANS L'AVERTISSEMENT DU CHEF, NOUS COUPIONS LA LIANE, L'ARC SE DÉTENDAIT ET LES FLÈCHES NOUS PERÇAIENT.
EN REDOUBLANT DE PRÉCAUTIONS, L'EXPÉDITION REPREND SA MARCHE. À TRAVERS DES MARÉCAGES PESTILENTIELS...
...PAR-DESSUS DES GOUFFRES VERTIGINEUX, L'AVANCE CONTINUE...
POURTANT, LES EXPLORATEURS NE SE DOUTENT PAS QUE, SUR LEUR PASSAGE...
...DES YEUX LES ÉPIENT SANS CESSE...

SI J'ÉTAIS UN RUMINANT, JE SERAIS RAVI, MAIS COMME JE NE MANGE PAS DE FOIN...
PRENDS PATIENCE, MON VIEUX BILL. NOUS DEVONS APPROCHER DE NOTRE BUT, À PRÉSENT...
NOUS ARRIVÉS!... LES MONTAGNES D'ÉMERAUDE!
NOUS NE DEVONS PLUS ÊTRE BIEN LOIN DE VOTRE TEMPLE, PROFESSEUR. J'ESPÈRE QUE SA DÉCOUVERTE NOUS RÉCOMPENSERA DE TOUT LE MAL QUE NOUS NOUS SOMMES DONNÉ...
J'AI PARLÉ DE RUINES INCAS. EN RÉALITÉ, S'IL FAUT EN CROIRE L'ARCHÉOLOGUE QUI EST MORT PEU APRÈS LES AVOIR TROUVÉES...
...ELLES SERAIENT TRÈS ANTÉRIEURES AUX INCAS. PEUT-ÊTRE NOUS FOURNIRONT-ELLES DES RENSEIGNEMENTS PRÉCIEUX SUR LE PEUPLE QUI...
SILENCE! PARTOUT ENNEMIS...
DES ENNEMIS?... CE COIN ME PARAÎT AUSSI DÉSERT QUE LE PARADIS TERRESTRE AVANT LA CRÉATION D'ADAM ET D'ÈVE.
NOTRE GUIDE NE DOIT PAS PARLER POUR NE RIEN DIRE. OUVRONS L'ŒIL!
LES SURUCUJU!
NON! PAS UN COUP DE FEU... CE SERAIT SIGNER NOTRE ARRÊT DE MORT...

TOUS À TERRE !
PFFFTTTT
PFFFTTT
TIRONS AU-DESSUS DE LEURS TÊTES. SEULEMENT POUR LES EFFRAYER...
BANG
BANG
BANG
DÉCIDÉMENT, ILS NE SEMBLENT PAS AIMER BEAUCOUP LE BRUIT DES ARMES À FEU !...
DÈS LES PREMIÈRES DÉTONATIONS, ILS ONT FILÉ COMME DES LAPINS !...
SOYEZ TRANQUILLES, ILS REVIENDRONT. MIEUX VAUT NOUS RETRANCHER !
SANS ATTENDRE, LES EUROPÉENS ET LEURS ALLIÉS ENTREPRENNENT DE SE PROTÉGER CONTRE TOUTE NOUVELLE ATTAQUE.

PRÈS D'UNE DEMI-HEURE S'ÉCOULE SANS QUE LES SURUCUJU TENTENT À NOUVEAU LA MOINDRE AGRESSION.
ON DIRAIT, COMMANDANT, QU'ILS ONT ABANDONNÉ LA PARTIE.
CE SERAIT TROP BEAU POUR ÊTRE VRAI !...
LES CRAINTES DE MORANE DEVAIENT SE MATÉRIALISER...
PFFFITTTT
...CAR UNE GRÊLE DE FLÈCHES S'ABAT TOUT À COUP SUR LE CAMP, SANS POURTANT ATTEINDRE PERSONNE.
BIENTÔT, CEPENDANT, LES SURUCUJU DEVAIENT EMPLOYER UNE AUTRE TACTIQUE, PLUS EFFICACE...
LE FEU ! IL FAUT L'ÉTEINDRE, SINON NOS BAGAGES SERONT PERDUS !
ILS ATTAQUENT ! CETTE FOIS, DÉFENDONS-NOUS !
LES ASSIÉGÉS S'APPRÊTENT À VENDRE CHÈREMENT LEURS VIES QUAND, SOUDAIN...
TARATATATATATAT

QU'EST-CE QUE C'ÉTAIT? UNE SONNERIE DE CLAIRON ?
C'EST CE QU'IL M'A SEMBLÉ AUSSI....
ENCORE! JE ME DEMANDE, COMMANDANT, QUI PEUT AINSI FAIRE SES GAMMES DANS CE COIN PERDU...
TARATATATATATATATA
LES INDIENS!... ILS FUIENT!
TARATATATATATATA
IL N'Y A PAS À DOUTER. C'EST LE CLAIRON QUI LES A FAIT DÉCAMPER....
ON EÛT DIT QUE CETTE SONNERIE ÉQUIVALAIT À UN ORDRE POUR LES SURUCUJU.
ORDRE OU NON, ELLE NOUS A SAUVÉ LA VIE.
JE VOUDRAIS BIEN AVOIR LA CLEF DE CE MYSTÈRE.
LE MIEUX SERAIT D'ALLER Y VOIR. NOUS ALLONS PASSER LA NUIT ICI ET, DEMAIN...
LES SURUCUJU SEMBLAIENT AVOIR ABANDONNÉ LA PARTIE, CAR ILS NE SE MANIFESTÈRENT PAS AU COURS DE LA NUIT...
DÈS L'AUBE, L'EXPÉDITION S'AVANÇA À TRAVERS LES MONTAGNES.

LES SURUCUJU NE SE SONT PLUS MONTRÉS DEPUIS HIER. ON DIRAIT QU'ILS ONT DÉFINITIVEMENT RENONCÉ À NOUS POURSUIVRE.
SI JE CONNAISSAIS CE JOUEUR DE CLAIRON, JE LUI OFFRIRAIS BIEN UN VERRE AU CAFÉ DU COIN...
TON JOUEUR DE CLAIRON, MON VIEUX BILL, EST PEUT-ÊTRE PLUS DANGEREUX ENCORE QUE LES SURUCUJU. QUI SAIT CE QUE L'AVENIR NOUS RÉSERVE...
L'AVANCE CONTINUE...
SANS CESSE, CEPENDANT, DES JUMELLES SONT BRAQUÉES SUR LES EXPLORATEURS, QUI NE SE DOUTENT PAS ÊTRE AINSI SURVEILLÉS.
DURANT DES HEURES, BOB MORANE ET SES AMIS DEVAIENT S'ENTÊTER DANS LEUR MARCHE EN AVANT, S'ENFONÇANT TOUJOURS PLUS LOIN EN PLEIN INCONNU.
VERS LE MILIEU DU DEUXIÈME JOUR, LES VOYAGEURS DEVAIENT FAIRE UNE ÉTRANGE RENCONTRE.
ÇA, ESPRIT DES ANCÊTRES. NOUS PAS CONTINUER PLUS LOIN. PLUS LOIN, BEAUCOUP DÉMONIOS...

J'AI VU DÉJÀ PAS MAL DE SCULPTURES INCAS... CELLE-CI ME SEMBLE DIFFÉRENTE...
ELLE ME PARAÎT NETTEMENT D'ORIGINE PRÉ-INCAÏQUE. PEUT-ÊTRE APPARTIENT-ELLE À LA CIVILISATION DE TIAHUANACO...
QUE CETTE STATUE SOIT INCA OU TIA-JE-NE-SAIS-QUOI, ELLE NOUS MET DE TOUTE FAÇON DANS UN SÉRIEUX PÉTRIN SI LES INDIENS NE VEULENT PAS CONTINUER...
LE PROFESSEUR VA ESSAYER DE LEUR FAIRE ENTENDRE RAISON.
SI TES HOMMES ET TOI ACCEPTENT DE CONTINUER, VOUS RECEVREZ BEAUCOUP DE CADEAUX. TU AURAS UNE WINCHESTER AVEC MILLE CARTOUCHES...
WINCHESTER RIEN POUVOIR CONTRE DEMONIOS. NOUS PLUS AVANCER...
L'UN APRÈS L'AUTRE, LES SANTI-KOIMI DÉPOSENT LEURS CHARGES.
RIEN À FAIRE. NOUS AVONS PERDU. NOUS NE PARVIENDRONS PAS À LES FAIRE PROGRESSER D'UN PAS. LA PEUR LES PARALYSE...
NOUS NE DEVONS PLUS ÊTRE BIEN LOIN DE NOTRE BUT. POURQUOI NE PAS CONTINUER SEULS?
BILL A RAISON. NOUS NE POUVONS NOUS ARRÊTER EN SI BON CHEMIN...
UNE HEURE PLUS TARD, NOS TROIS HÉROS S'ENFONCENT SEULS À TRAVERS LES MONTAGNES INTERDITES.
NOUS VOUS ATTENDRONS PENDANT QUATRE JOURS. ENSUITE, NOUS REGAGNERONS NOTRE VILLAGE.

ÊTES-VOUS SÛR QUE NOUS SOYONS SUR LA BONNE ROUTE, PROFESSEUR?
JE LE CROIS. POUR NOUS EN ASSURER, JETONS UN COUP D'ŒIL SUR LE PLAN.
PAS À DOUTER. TOUS LES REPÈRES SONT EXACTS. IL NOUS SUFFIT DE CONTINUER À SUIVRE CE TORRENT POUR ATTEINDRE LE TEMPLE!...
JE BRÛLE DE VOIR COMMENT IL EST FAIT, VOTRE TEMPLE, PROFESSEUR. APRÈS TOUT LE MAL QU'IL NOUS A DONNÉ...
À CHAQUE SECONDE, CEPENDANT, LES TROIS EXPLORATEURS CONTINUENT À ÊTRE OBSERVÉS...
ILS MONTENT VERS LA CASCADE. AUCUN INDIEN NE LES ACCOMPAGNE.
SANS SE DOUTER QU'ILS SONT ÉPIÉS, BOB ET SES COMPAGNONS AVANCENT TOUJOURS.
PROFESSEUR... REGARDEZ...
LE TEMPLE!... LE TEMPLE!... NOUS AVONS RÉUSSI!...
MUETS, LES TROIS AMIS ADMIRENT L'ÉTRANGE CONSTRUCTION, BUT DE LEURS EFFORTS...

J'AI COMME DANS L'IDÉE, COMMANDANT, QUE LA SONNERIE DE TROMPETTE ENTENDUE VOILÀ DEUX JOURS POURRAIT FORT BIEN VENIR D'ICI.
CE NE SERAIT PAS IMPOSSIBLE. LE MIEUX SERAIT D'ALLER NOUS RENDRE COMPTE. CE LAC NE ME PARAÎT PAS BIEN PROFOND.
CET ENDROIT ME PARAÎT DÉSERT. JE NE VOIS PAS POURQUOI QUELQU'UN S'AMUSERAIT À Y JOUER DE LA TROMPETTE.
ON NE SAIT JAMAIS. LES MUSICIENS ONT QUELQUEFOIS D'ÉTRANGES MANIES...
LE VOILÀ, VOTRE TEMPLE, PROFESSEUR. ESPÉRONS QUE SON ÉTUDE NOUS RÉCOMPENSERA DE TOUS NOS EFFORTS.
SILENCIEUSEMENT, COMME ÉCRASÉS PAR L'ÉMOTION, LES TROIS EXPLORATEURS S'ENGAGENT SUR L'ESCALIER MONUMENTAL....
IL N'Y A PAS À DOUTER, TOUT CELA S'APPARENTE BIEN AUX VESTIGES DE TIAHUANACO. PEUT-ÊTRE MÊME EST-CE ENCORE PLUS ANCIEN...
POUSSÉS PAR LA CURIOSITÉ, BOB ET SES AMIS COMMENCENT L'EXPLORATION DU TEMPLE.
VOUS AVIEZ RAISON, PROFESSEUR. CET ENDROIT EST DÉSERT. TOUT À FAIT DÉSERT.

IL NE NOUS RESTE PLUS QU'À VISITER LA PARTIE SUPÉRIEURE DU TEMPLE. QUAND NOUS NOUS SERONS ASSURÉS QUE CELUI-CI N'ABRITE AUCUN ENNEMI, NOUS POURRONS L'ÉTUDIER ET PRENDRE DES PHOTOS.
SUIVANT L'AVIS DE MORANE, LES VOYAGEURS GAGNENT L'ÉTAGE SUPÉRIEUR DE L'ÉNORME CONSTRUCTION.
JE VAIS FINIR PAR CROIRE QUE NOUS AVONS RÊVÉ EN CROYANT ENTENDRE CE BRUIT DE CLAIRON.
MAIS NON, MESSIEURS, VOUS N'AVEZ PAS RÊVÉ... À PROPOS, NE TENTEZ PAS DE FUIR. LA RETRAITE VOUS EST COUPÉE...
ADELANTE, SEÑORES. ADELANTE !...
LOS MOSTACHOSOS !
À PRÉSENT, LAISSEZ-MOI VOUS DIRE AVEC QUELLE IMPATIENCE JE VOUS ATTENDAIS, COMMANDANT MORANE.

AH! ÇA, COMMENT CONNAISSEZ-VOUS MON NOM, SEÑOR ?
LAISSEZ-MOI TOUT D'ABORD ME PRÉSENTER: GÉNÉRAL GONZALEZ GONZALEZ.
GONZALEZ GONZALEZ! LE CHEF DES MOSTACHOSOS ?...
LE CHEF DES MOSTACHOSOS, EN EFFET. VOUS DEVEZ ÊTRE ÉTONNÉ DE ME TROUVER ICI. MAIS SOYEZ MES HÔTES. JE VOUS EXPLIQUERAI...
ET UNE DEMI-HEURE PLUS TARD...
C'EST DANS CES MONTAGNES QUE MES HOMMES ET MOI AVONS ÉTABLI NOTRE REPAIRE. J'AI FAIT ALLIANCE AVEC LES INDIENS SURUCUJU, QUI NOUS PROTÈGENT.
C'EST VOTRE CLAIRON QUI LES A FAIT FUIR AU MOMENT OÙ ILS NOUS ATTAQUAIENT ?
EXACTEMENT. UN DE MES ESPIONS, À AMAZONIA, M'A PRÉVENU, PAR PIGEON VOYAGEUR, DE VOTRE DÉPART POUR LES MONTS D'ÉMERAUDE. SANS CESSE, DEPUIS VOTRE ATTERRISSAGE, VOUS AVEZ ÉTÉ SURVEILLÉS.
COMMENT SE FAIT-IL QUE VOUS NOUS AYEZ LAISSÉS PARVENIR JUSQU'ICI ?
PAR MES ESPIONS, JE SAVAIS QUE VOUS ÉTIEZ PLUTÔT EN MAUVAIS TERMES AVEC LE CHEF DE LA POLICE D'AMAZONIA ET, PAR CONSÉQUENT, AVEC CE BUTOR DE PORFIRIO. EN OUTRE, COMMANDANT MORANE, JE VOUS CONNAISSAIS DE RÉPUTATION...
VOUS ME CONNAISSIEZ DE RÉPUTATION ? QUE VOULEZ-VOUS DIRE PAR CELA ?
TOUT SIMPLEMENT QUE VOS AMIS ET VOUS POURRIEZ ÊTRE DES RECRUES DE GRANDE VALEUR POUR NOTRE PARTI.
EST-CE QUE, PAR HASARD, VOUS NOUS DEMANDERIEZ DE COLLABORER AVEC VOUS, SEÑOR ?
C'EST BIEN CELA. J'ENVISAGE MÊME DE DONNER AU COMMANDANT MORANE LE GRADE DE COMMANDANT EN CHEF DE MES FORCES AÉRIENNES.
ET SI JE REFUSE ?

SI VOUS REFUSEZ, COMMANDANT MORANE, JE SERAI OBLIGÉ DE VOUS RETENIR PRISONNIERS ICI, VOS AMIS ET VOUS, JUSQU'À CE QUE J'AIE TRIOMPHÉ DU TYRAN PORFIRIO.
JUSQU'À CE QU'IL AIT TRIOMPHÉ DE PORFIRIO! CELA POURRAIT PRENDRE PAS MAL DE TEMPS...
VOUS N'ALLEZ QUAND MÊME PAS HÉSITER, COMMANDANT! UN MONSTRE COMME CE PORFIRIO DÉSHONORE L'HUMANITÉ...
QU'EN PENSEZ-VOUS, PROFESSEUR?
OH! MOI, DU MOMENT QUE LE GÉNÉRAL GONZALEZ ME PERMET D'ÉTUDIER CE TEMPLE À MON AISE...
EH! BIEN, SEÑOR GÉNÉRAL, C'EST DÉCIDÉ. NOUS ACCEPTONS DE COLLABORER AVEC VOUS, PUISQUE NOUS SOMMES CERTAINS QUE VOTRE CAUSE EST JUSTE...
AMIGOS! UNE PETITE "FUSILADIDA" EN L'HONNEUR DU NOUVEAU COMMANDANT DE NOS FORCES AÉRIENNES!
VIVA EL COMANDANTE! VIVA EL COMANDANTE!
PAN!
VIVA EL COMANDANTE!
PAN
PAN
ET UN PEU PLUS TARD, TANDIS QUE BOB MORANE ET GONZALEZ GONZALEZ ÉTABLISSENT UN PLAN DE COMBAT...
...ET QUE LE PROFESSEUR CLAIREMBART ÉTUDIE SES VIEILLES PIERRES,...
... BILL BALLANTINE, LUI, SE LIVRE À UNE ÉTRANGE BESOGNE.

UNE DEMI-HEURE PLUS TARD..
COMMENT AS-TU RÉUSSI À FAIRE POUSSER CES SPLENDIDES BACCHANTES À LA MINUTE, BILL?
DES MÈCHES DE CHEVEUX QUE J'AI COLLÉES AVEC DE LA GLU. QUE PENSEZ-VOUS DU NOUVEAU MOSTACHOSO, AMIGOS?
VIVA LA MOSTACHA ROJA!
VIVE LA MOUSTACHE ROUGE!
FINI DE RIRE, MAINTENANT... PUISQUE VOUS VOILÀ COMMANDANT DE LA FLOTTE AÉRIENNE, QUAND NOUS ENVOLONS-NOUS POUR ALLER TIRER LES OREILLES À CET ÉPOUVANTAIL DE PORFIRIO?
C'EST QUE, VOILÀ...CETTE FLOTTE AÉRIENNE N'EXISTE PAS.
N'EXISTE PAS! MAIS ALORS, COMMANDANT, VOTRE NOUVEAU TITRE, C'EST DU VENT...
NE T'EMBALLE PAS, BILL, ET LAISSE-MOI T'EXPLIQUER.
TOUTE CETTE CONTRÉE EST TENUE PAR LE GÉNÉRAL GONZALEZ, QUI Y A DES TROUPES NOMBREUSES. UN TERRAIN D'ENVOL Y A MÊME ÉTÉ AMÉNAGÉ, MAIS IL N'Y A PAS D'AVIONS. CE QU'IL NOUS FAUT, C'EST CONVAINCRE L'ENNEMI D'Y TRANSFÉRER UNE PARTIE DE SES APPAREILS...
CONVAINCRE L'ENNEMI, C'EST VITE DIT. MAIS COMMENT Y PARVENIR?
J'AI MON PLAN. IL NOUS FAUDRA SEULEMENT LE METTRE AU POINT DANS LES MOINDRES DÉTAILS.
CE SOIR-LÀ, UN COLLOQUE ANIMÉ DEVAIT RÉUNIR LES NOUVEAUX ALLIÉS.

ET, LE LENDEMAIN, TOUTE LA TROUPE DES MOSTACHOSOS SE METTAIT EN ROUTE...
... TANDIS QUE DES ÉMISSAIRES CONTACTAIENT LES DIFFÉRENTS POSTES DES MONTS D'ÉMERAUDE.
FINI DE DORMIR, AMIGOS, L'HEURE DE LA GRANDE ATTAQUE VA BIENTÔT SONNER.
DES MESSAGES ÉTAIENT ENVOYÉS À TOUTES LES FORCES RÉVOLUTIONNAIRES.
CE VIEUX COUCOU VA NOUS AIDER À DONNER UNE FLOTTE AÉRIENNE À NOTRE AMI LE GÉNÉRAL GONZALEZ.
TOUT CE QUI NOUS RESTE À FAIRE, C'EST LE REMETTRE EN ÉTAT DE VOLER...
JE NE SUIS PAS MÉCANO, MOI, MAIS JE VEUX METTRE LA MAIN A LA PÂTE. JE POURRAI TOUJOURS VOUS PASSER LES OUTILS.
DURANT PLUSIEURS HEURES, MORANE ET BILL DEVAIENT TRAVAILLER SUR LE MOTEUR DE L'AVION.
ET, ENFIN...
VROOUMM
ÇA TOURNE! ÇA TOURNE!
SEÑOR GÉNÉRAL, JE VOUS PRÉSENTE LE PREMIER ÉLÉMENT DE VOTRE FLOTTE AÉRIENNE...

CEPENDANT, VENANT DES SIERRAS... À TRAVERS LES FORÊTS VIERGES...
...ET LES SAVANES, LES MOSTACHOSOS CONVERGENT DE PARTOUT VERS UN LIEU DE RENDEZ-VOUS SECRET.
DANS LA CLAIRIÈRE, ON PRÉPARAIT L'AVION POUR LE DÉPART.
ENCORE QUELQUES BIDONS ET LE PLEIN SERA ACHEVÉ.
SECRÈTEMENT, LES MOSTACHOSOS SE RÉUNISSENT DANS UNE VALLÉE ENCAISSÉE, NON LOIN DE L'ENDROIT OÙ SE TROUVENT STATIONNÉES LES TROUPES GOUVERNEMENTALES DU GÉNÉRAL GUIMENEZ.
ALORS, IL PARAÎT QUE L'HEURE H APPROCHE ?
OUI, MAIS JE ME DEMANDE COMMENT NOUS SERIONS PLUS EN ÉTAT D'ATTAQUER AUJOURD'HUI QU'IL Y A QUELQUES JOURS. IL Y A DU LOUCHE LÀ-DESSOUS.
41677
LE LENDEMAIN, À L'AUBE, L'AVION PREND SON VOL VERS UNE DESTINATION MYSTÉRIEUSE.
A BIENTÔT, GÉNÉRAL, ET QUE LE CIEL SOIT AVEC NOUS !
BONNE CHANCE, AMIGOS ! TOUT DÉPEND DE VOTRE RÉUSSITE, MAINTENANT...

VOLANT AU RAS DES ARBRES, L'AVION S'APPROCHE DE L'AÉRODROME MILITAIRE DE LA SELVA, POSTE AVANCÉ DES FORCES AÉRIENNES DU TYRAN.
NOUS APPROCHONS, COMMANDANT. LA CLAIRIÈRE NE DOIT PLUS ÊTRE LOIN À PRÉSENT.
AUSSITÔT L'APPAREIL POSÉ, LES TROIS AMIS ENTREPRENNENT DE LE CAMOUFLER SOIGNEUSEMENT.
TOUT CE QUI NOUS RESTE À FAIRE MAINTENANT, C'EST ATTENDRE AVEC PATIENCE QUE LE GÉNÉRAL GONZALEZ NOUS FASSE SIGNE.
CEPENDANT, À DES KILOMÈTRES DE LÀ, LE CAMP DU GÉNÉRAL GUIMENEZ SOMNOLE DANS UNE DOUCE QUIÉTUDE.
ET SOUDAIN, L'ARMÉE RÉVOLUTIONNAIRE DÉBOUCHE DANS LA PLAINE.
GÉNÉRAL !... LES MOSTACHOSOS ! ILS ATTAQUENT !...

ALERTE! LES MOSTACHOSOS!
EN TOUTE HÂTE, LES TROUPES DU GÉNÉRAL GUIMENEZ S'APPRÊTENT POUR LE COMBAT.
À TRAVERS LA PLAINE, LES DEUX PARTIS S'AVANCENT L'UN VERS L'AUTRE.
DÈS LES PREMIERS ENGAGEMENTS, LES ARMES DES TROUPES GOUVERNEMENTALES DEVAIENT TÉMOIGNER D'UNE SUPÉRIORITÉ ÉCRASANTE.
APRÈS UNE BRÈVE RÉSISTANCE, LES MOSTACHOSOS, BEAUCOUP MOINS NOMBREUX, BATTENT EN RETRAITE.
ILS FUIENT!... POURSUIVONS-LES ET TAILLONS-LES EN PIÈCES!
DU CÔTÉ DES MOSTACHOSOS, C'EST À PRÉSENT LA DÉROUTE COMPLÈTE.

CEPENDANT...
J'ESPÈRE QUE TOUT SE PASSE BIEN LÀ-BAS, BOB.
JE L'ESPÈRE AUSSI, PROFESSEUR. TOUT CE QUE NOUS POUVONS FAIRE, C'EST ATTENDRE DES NOUVELLES.
À DES KILOMÈTRES DE LÀ, LES TROUPES DU GÉNÉRAL GUIMENEZ CONTINUENT DE POURSUIVRE LES MOSTACHOGOS À TRAVERS LES MONTAGNES.
DEVANT LA PANIQUE QUI SEMBLE S'ÊTRE EMPARÉE DES FUYARDS, GUIMENEZ CROIT TENIR LA VICTOIRE.
AU SOMMET DU DÉFILÉ, CEPENDANT, DES HOMMES S'APPRÊTENT À AGIR SUIVANT UN PLAN PRÉVU.
BRAAOUMM
BATTONS EN RETRAITE, LE CHEMIN NOUS EST COUPÉ.
MAIS UNE AVALANCHE DE ROCHERS VIENT BOUCHER ÉGALEMENT LE SECOND DÉFILÉ.
PRISONNIERS DANS LA VALLÉE, LES SOLDATS DU GÉNÉRAL GUIMENEZ SE TROUVENT EN PROIE AU PLUS GRAND DÉSARROI.
NOUS AVONS ÉTÉ JOUÉS!
LES MOSTACHOSOS NOUS ONT TENDU UN PIÈGE!

VOUS ÊTES CERNÉS, RENDEZ-VOUS!
JETEZ VOS ARMES!
COMPRENANT QUE TOUTE RÉSISTANCE EST INUTILE, LE GÉNÉRAL GUIMENEZ ET SES HOMMES OBÉISSENT AUX INJONCTIONS DES RÉVOLUTIONNAIRES...
PENDANT CE TEMPS, LE CAMP ENNEMI, PRESQUE SANS DÉFENSE, EST ENVAHI...
LAISSEZ CETTE RADIO TRANQUILLE, AMIGO!...
ET, LÀ-BAS, DANS L'AVION...
TOUJOURS RIEN, BOB?...
JE CROIS ENTENDRE QUELQUE CHOSE. C'EST BIEN CELA... L'INDICATIF CONVENU...
TOUT SE DÉROULE SUIVANT NOS PLANS... PRÉPAREZ-VOUS À AGIR...
EH BIEN! COMMANDANT, IL NE NOUS RESTE PLUS QU'À MENER À BIEN NOTRE PETIT TRAVAIL NOCTURNE.

CETTE NUIT-LÀ...
RESTE À SAVOIR SI NOUS RÉUSSIRONS À NOUS INTRODUIRE LÀ-DEDANS SANS NOUS FAIRE REPÉRER...
LA NUIT N'EST PAS TROP CLAIRE. LA CHANCE EST DE NOTRE CÔTÉ... ALLONS-Y...
ON S'Y RISQUE, COMMANDANT ?
RIEN NE SEMBLE S'Y OPPOSER...
ÇA DOIT ÊTRE LÀ. JE FAIS LE GUET, BILL. OCCUPE-TOI DE LA PORTE...
QUELQUES MINUTES PLUS TARD...
NOUS VOILÀ DANS LA PLACE. IL N'Y A PLUS QU'À ATTENDRE DIX HEURES...
À NEUF HEURES CINQUANTE-CINQ... AU SOMMET DE LA TOUR DE CONTRÔLE...
ÉTAT-MAJOR GÉNÉRAL GUIMENEZ APPELLE AÉRODROME DE LA SELVA... ÉTAT-MAJOR GUIMENEZ APPELLE...

...AÉRODROME DE LA SELVA. ÉTAT-MAJOR GÉNÉRAL GUIMENEZ APPELLE AÉRODROME DE LA SELVA. GRANDE BATAILLE GAGNÉE ! FORCES RÉVOLUTIONNAIRES DÉTRUITES. NOUVEAUX CONSEILLERS MILITAIRES PRÉSIDENT PORFIRIO, COLONEL BOURGOGNE, HERR MAJOR VON BRETZEL ET CAPTAIN MC LOCKNESS EN ROUTE...
...POUR AÉRODROME DE LA SELVA, AVEC ORDRES TRANSFERT FORCES AÉRIENNES VERS TERRAIN REBELLE CONQUIS PAR NOS VALEUREUSES TROUPES... OVER...
MESSAGE ENTENDU... ROGER... APPELLE AMAZONIA POUR VÉRIFICATION... OVER...
MAIS, À CE MOMENT PRÉCIS, L'OBSCURITÉ SE FAIT À TRAVERS TOUTES LES INSTALLATIONS DE LA BASE.
?
AVEC LES COURTS-CIRCUITS QUE NOUS AVONS PROVOQUÉS, ILS EN AURONT POUR VINGT-QUATRE HEURES AU MOINS AVANT DE RÉUSSIR À RÉTABLIR LE COURANT ET À CONTACTER AMAZONIA. CELA NOUS LAISSERA LE TEMPS D'AGIR...
EN ATTENDANT, FILONS D'ICI. SI NOUS NOUS FAISIONS REPÉRER, TOUT SERAIT MANQUÉ.
TANDIS QUE BOB MORANE ET BILL PRENNENT LE LARGE DANS LA BASE IL Y A UN BREF INSTANT DE DÉSARROI.
QUE SE PASSE-T-IL DONC ?...
LA LUMIÈRE S'EST ÉTEINTE BRUSQUEMENT. LES PLOMBS, SANS DOUTE...

QUELQUES MINUTES PLUS TARD, DANS LE MESS DES OFFICIERS...
UN MESSAGE DU GÉNÉRAL GUIMENEZ, COMMANDANT...
AVEZ-VOUS APPELÉ AMAZONIA POUR CONTRÔLER?
J'ALLAIS LE FAIRE, QUAND LES PLOMBS ONT SAUTÉ...
J'AI TOUJOURS DIT QUE CETTE INSTALLATION ÉLECTRIQUE ÉTAIT DÉFECTUEUSE. ENFIN, BUVONS À NOTRE GRANDE VICTOIRE ET APPRÊTONS-NOUS À RECEVOIR DIGNEMENT LES ENVOYÉS DU PRÉSIDENT PORFIRIO.
ALORS, TOUT A-T-IL BIEN MARCHÉ?
COMME SUR DES ROULETTES, PROFESSEUR!
IL NE NOUS RESTE PLUS QU'À MONTRER NOS TALENTS D'ACTEURS...
ET, LE LENDEMAIN, DÈS L'AUBE...
COLONEL BOURGOGNE!
HERR MAJOR VON BRETZEL!
CAPTAIN MC LOCKNESS!
BIENVENIDA EN LA SELVA, SEÑORES...

VOUS CONNAISSEZ LES RAISONS DE NOTRE PRÉSENCE ICI, COMMANDANT : CONDUIRE LES APPAREILS DE LA BASE SUR UN TERRAIN QUE NOUS VENONS DE CONQUÉRIR SUR LES REBELLES.
JE SAIS, HERR MAJOR... MAIS OÙ SE TROUVE EXACTEMENT CE TERRAIN ?...
JE CONDUIRAI PERSONNELLEMENT L'ESCADRE. JE SUIS PILOTE DE CHASSE, MOI AUSSI.
J'AIMERAIS M'ASSURER QUE NOUS NE RISQUONS PAS DE SURPRISES.
PUIS-JE ENTRER EN CONTACT AVEC AMAZONIA ? JE VOUDRAIS DEMANDER QUELQUES INSTRUCTIONS COMPLÉMENTAIRES...
HÉLAS ! COLONEL, UNE MALENCONTREUSE PANNE GÉNÉRATRICE NOUS PRIVE DE TOUT CONTACT AVEC L'EXTÉRIEUR.
VOILÀ UNE CHOSE BIEN DÉSAGRÉABLE. ENFIN, PUISQU'IL N'Y A RIEN À FAIRE.
NOTRE PETIT SABOTAGE A DONC PARFAITEMENT RÉUSSI ! CONTINUONS À ESPÉRER...
CEPENDANT, LE COMMANDANT LANCE DES ORDRES.
TOUS LES APPAREILS SUR LES PISTES, PRÊTS À PRENDRE L'AIR !...
À TRAVERS TOUTE LA BASE, C'EST AUSSITÔT UN BRANLE-BAS D'ENFER...
...LES APPAREILS SONT POUSSÉS SUR LES PISTES D'ENVOL.
UNE DEMI-HEURE PLUS TARD, TOUTE L'ESCADRE EST PRÊTE AU DÉPART.

DANS LE VESTIAIRE, BOB S'ÉQUIPE...
À PRÉSENT, IL NE RESTE PLUS QU'À JOUER LA DERNIÈRE MANCHE. KIDNAPPER TOUTE UNE ESCADRE AÉRIENNE ! FAMEUX BOULOT !...
JE VOLERAI EN TÊTE ET VOUS CONDUIRAI VERS LE NOUVEAU TERRAIN. LE MAJOR VON BRETZEL ET LE CAPITAINE MC.LOCKNESS PRENDRONT PLACE DANS UN BOMBARDIER.
JUSQU'ICI, TOUT A L'AIR DE BIEN MARCHER...
TROP BIEN MÊME POUR QUE CELA CONTINUE...
CESSE DE JOUER LES OISEAUX DE MAUVAIS AUGURE, BILL. DE TOUTE FAÇON, IL NOUS FAUT ALLER JUSQU'AU BOUT.
ADELANTE !
VROUOUMM
LES DÉS SONT JETÉS. ESPÉRONS QU'ILS VONT ROULER DANS LE BON SENS...

L'ESCADRE KIDNAPPÉE DEVAIT ATTEINDRE SANS ENCOMBRE LE TERRAIN AMÉNAGÉ PAR LES MOSTACHOSOS.
NOUS VOILÀ ARRIVÉS À BON PORT. À PRÉSENT, LA PAROLE EST À GONZALEZ ET À SES HOMMES.
DANS LES SIFFLEMENTS DES RÉACTEURS ET LES RONRONNEMENTS DES MOTEURS, TOUTE L'ESCADRE SE POSE, TOMBANT AINSI DANS LE PIÈGE QUI LUI EST PRÉPARÉ.
RIEN NE SEMBLE INDIQUER LA PRÉSENCE DES MOSTACHOSOS. OU ILS SE CACHENT BIEN, OU...
PILOTES ET PASSAGERS ONT MIS PIED À TERRE...
AFIN DE NE PAS ÊTRE COMPRIS PAR LES AMAZONIENS, LES TROIS AMIS S'ENTRETIENNENT EN FRANÇAIS...
GONZALEZ DEVRAIT DÉJÀ S'ÊTRE MANIFESTÉ...
ET S'IL NE VENAIT PAS ?
SANS DOUTE ATTEND-IL, POUR INTERVENIR, QUE TOUS LES PILOTES SE SOIENT ÉCARTÉS DE LEURS APPAREILS...
IL ME SEMBLE QUE LE COMITÉ DE RÉCEPTION BRILLE PAR SON ABSENCE...
SANS DOUTE NE VA-T-IL PLUS TARDER, COMMANDANT.
MAIS CE NE SERA PAS CELUI QUE VOUS CROYEZ... DU MOINS, JE L'ESPÈRE...

ET, TOUT À COUP...
LES MOSTACHOSOS ! LES MOSTACHOSOS ! ILS ARRIVENT !...
À VOS APPAREILS ! ON NOUS A TENDU UN PIÈGE !...
IL FAUT AGIR !... VITE !...
SURTOUT PAS UN GESTE, SEÑOR...
DITES À VOS HOMMES DE RESTER TRANQUILLES. POUR LE MOMENT, VOUS ME SERVEZ D'OTAGE...
ET NOUS SOMMES TROIS, MESSIEURS, À VOUS FAIRE LA MÊME RECOMMANDATION... SI VOUS TENEZ À VOS PETITES SANTÉS...
... MIEUX VAUT DEMEURER TRANQUILLES, COMME DES ENFANTS SAGES !...
PAR BONHEUR, L'ARRIVÉE DE GONZALEZ ET DE SES HOMMES DEVAIT BIENTÔT VENIR TIRER BOB MORANE ET SES AMIS DE CETTE SITUATION TENDUE.
J'AI CRU, GÉNÉRAL, QUE VOUS ALLIEZ MANQUER LE RENDEZ-VOUS.
IL FALLAIT NOUS LAISSER LE TEMPS D'ARRIVER. VOUS ÊTES ALLÉ TROP VITE EN BESOGNE, COMMANDANT MORANE. RÉELLEMENT, VOUS NE FAITES PAS MENTIR VOTRE RÉPUTATION...
GÉNÉRAL !... ON ME SIGNALE QUE LES TROUPES DE PORFIRIO VIENNENT DE DÉCLENCHER UNE GRANDE OFFENSIVE À PARTIR D'AMAZONIA !...

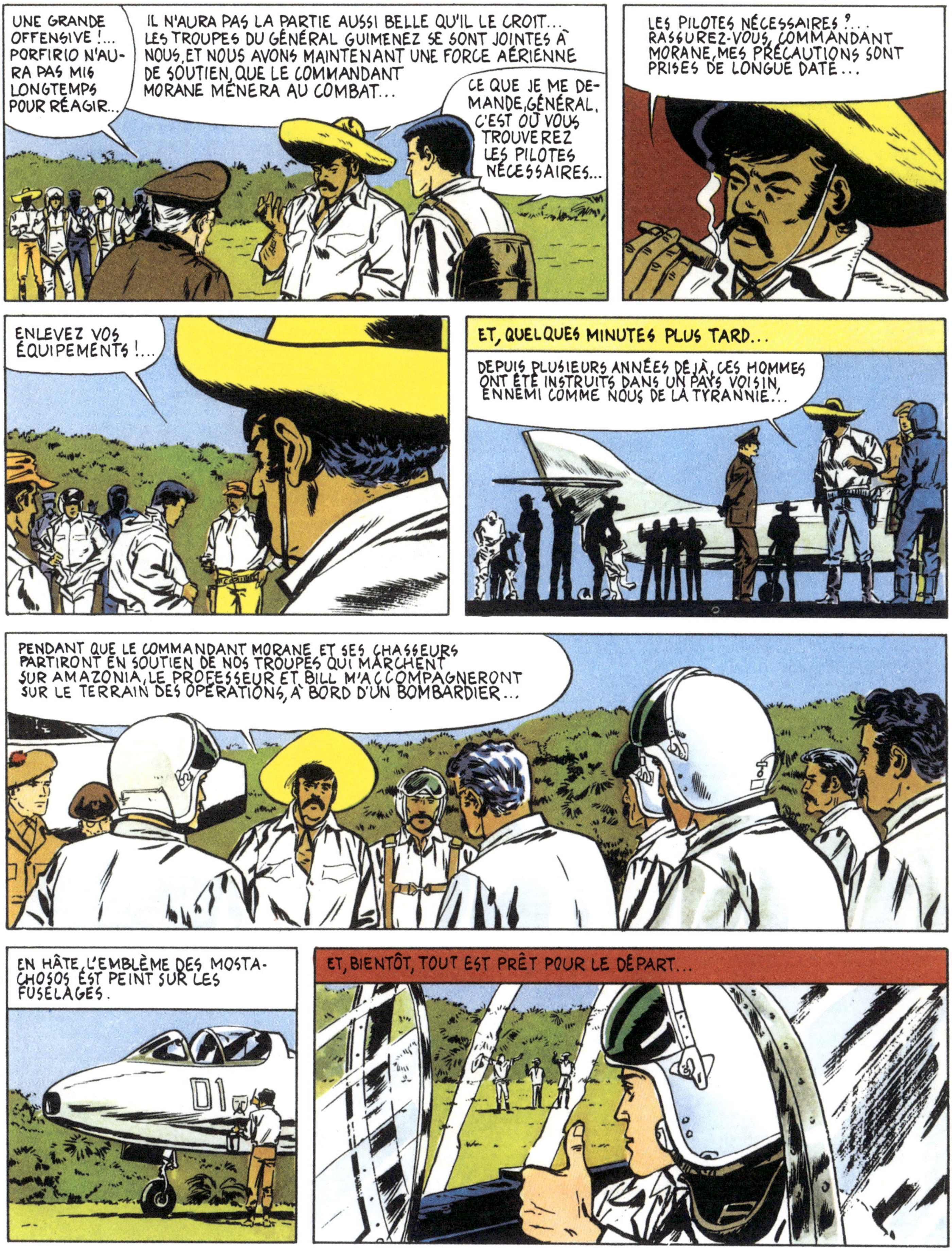
UNE GRANDE OFFENSIVE !... PORFIRIO N'AURA PAS MIS LONGTEMPS POUR RÉAGIR...
IL N'AURA PAS LA PARTIE AUSSI BELLE QU'IL LE CROIT... LES TROUPES DU GÉNÉRAL GUIMENEZ SE SONT JOINTES À NOUS, ET NOUS AVONS MAINTENANT UNE FORCE AÉRIENNE DE SOUTIEN, QUE LE COMMANDANT MORANE MÈNERA AU COMBAT...
CE QUE JE ME DEMANDE, GÉNÉRAL, C'EST OÙ VOUS TROUVEREZ LES PILOTES NÉCESSAIRES...
LES PILOTES NÉCESSAIRES ?... RASSUREZ-VOUS, COMMANDANT MORANE, MES PRÉCAUTIONS SONT PRISES DE LONGUE DATE...
ENLEVEZ VOS ÉQUIPEMENTS !...
ET, QUELQUES MINUTES PLUS TARD...
DEPUIS PLUSIEURS ANNÉES DÉJÀ, CES HOMMES ONT ÉTÉ INSTRUITS DANS UN PAYS VOISIN, ENNEMI COMME NOUS DE LA TYRANNIE...
PENDANT QUE LE COMMANDANT MORANE ET SES CHASSEURS PARTIRONT EN SOUTIEN DE NOS TROUPES QUI MARCHENT SUR AMAZONIA, LE PROFESSEUR ET BILL M'ACCOMPAGNERONT SUR LE TERRAIN DES OPÉRATIONS, À BORD D'UN BOMBARDIER...
EN HÂTE, L'EMBLÈME DES MOSTACHOSOS EST PEINT SUR LES FUSELAGES.
D1
ET, BIENTÔT, TOUT EST PRÊT POUR LE DÉPART...

LE SIGNAL DU DÉCOLLAGE EST DONNÉ PAR MORANE...
AUSSITÔT, L'UN APRÈS L'AUTRE, TOUS LES CHASSEURS DE L'ESCADRE PRENNENT L'AIR.
BONNE CHANCE, BOB !...
VOUS EN FAITES PAS POUR LE COMMANDANT, PROFESSEUR. IL EST ASSEZ GRAND POUR S'EN TIRER TOUT SEUL. MAIS ENLEVONS CES DÉFROQUES! J'EN AI ASSEZ DE JOUER AU CARNAVAL.
NOUS VOILÀ REVENU AU BON VIEUX TEMPS! BANZAÏ !...
DANS LE BRUIT DÉCHIRANT DE LEURS RÉACTEURS, LES CHASSEURS FONCENT EN PLEIN CIEL, EN DIRECTION D'AMAZONIA.
APRÈS UN QUART D'HEURE DE VOL, LA CAPITALE APPARAÎT AU LOIN.
ET, TOUT À COUP...
AVIONS À DEUX HEURES !...
ALLONS, VOILÀ LE CARROUSEL QUI COMMENCE !...

UN APPAREIL ENNEMI SE PRÉCIPITE SUR CELUI DE MORANE...
...QUI SE DÉGAGE EN ACCOMPLISSANT UNE CHANDELLE ET...
...REVIENT SUR L'ARRIÈRE DE SON ADVERSAIRE.
UN COUP AU BUT !...
TOUCHÉ, LE PILOTE ADVERSE DOIT DÉCLENCHER LE MÉCANISME DE SON SIÈGE ÉJECTABLE.
BONNE CHANCE, MON VIEUX !... ET TOUS MES REGRETS !...
TOUT PRÉOCCUPÉ DU SORT DE SON ADVERSAIRE, BOB N'A PAS APERÇU DEUX APPAREILS GOUVERNEMENTAUX QUI FONCENT DANS SA DIRECTION.
E11

AÏE ! ME VOILÀ TOUCHÉ À MON TOUR... FAUT PRENDRE DU LARGE, MON VIEUX BOB !...
MAIS, SON APPAREIL GRAVEMENT ENDOMMAGÉ, MORANE NE PARVIENT PAS À ACCOMPLIR LES MANŒUVRES QUI LUI PERMETTRAIENT D'ÉCHAPPER À SES POURSUIVANTS...
FU
ET L'APPAREIL PLONGE EN FLAMMES.
À SON TOUR, BOB EST OBLIGÉ DE QUITTER SON AVION.
QUAND, SOUDAIN, DEUX APPAREILS ENNEMIS PLONGENT VERS LUI.
FU

LES DEUX APPAREILS OUVRENT LE FEU SUR MORANE, SANS LE TOUCHER.
ILS M'ONT MANQUÉ UNE PREMIÈRE FOIS. MAIS ILS VONT REVENIR ET, ALORS...
TOUT SEMBLE PERDU POUR BOB MORANE QUAND, SOUDAIN, UN APPAREIL RÉVOLUTIONNAIRE SURVIENT...
...ET OUVRE LE FEU SUR LES ASSAILLANTS...
DUREMENT TOUCHÉ, UN DES APPAREILS DE PROIE EXPLOSE EN PLEIN VOL, TANDIS QUE L'AUTRE CHERCHE SON SALUT DANS LA FUITE.
À PRÉSENT, JE VAIS DEVOIR RETROUVER MON CHEMIN À TRAVERS LA JUNGLE ET ESSAYER DE NE PAS TOMBER SUR UNE TROUPE ENNEMIE...

SOIGNEUSEMENT, MORANE ENTERRE PARACHUTE, CASQUE ET COMBINAISON, DE FAÇON À NE PAS LAISSER TRACE DE SON PASSAGE.
ALORS, POUR NOTRE HÉROS, UNE MARCHE PÉNIBLE COMMENCE À TRAVERS LA FORÊT TROPICALE.
PARFOIS, IL S'ARRÊTE POUR SE REPOSER ET S'ORIENTER À L'AIDE DE SA BOUSSOLE.
JE ME DIRIGE DROIT SUR AMAZONIA, TOUT À FAIT COMME SI JE VOULAIS INVESTIR LA VILLE À MOI SEUL !...
MAIS IL FAUT SONGER À MANGER. HEUREUSEMENT, BOB MORANE EST PASSÉ MAÎTRE DANS L'ART DE PÊCHER AU HARPON.
ET IL PEUT BIENTÔT SE RÉGALER D'UNE SUCCULENTE GRILLADE.
IL S'EST REMIS EN ROUTE DEPUIS UNE HEURE À PEINE...
...QUAND UN BRUIT DE VOIX LUI PARVIENT.
J'AI L'IMPRESSION, AMIGO, QUE BIENTÔT NOUS ALLONS DEVOIR NOUS LAISSER POUSSER LA MOUSTACHE JUSQU'À CE QU'ELLE ATTEIGNE UN BON PIED DE LONGUEUR...

IL PARAÎT QUE LES TROUPES DU GÉNÉRAL GONZALEZ ONT COUPÉ NOS FORCES ET MARCHENT SUR AMAZONIA..
ON AFFIRME MÊME QUE GONZALEZ EN PERSONNE A ATTERRI DANS LA RÉGION.
ON DIRAIT QUE JE SUIS SUR LA BONNE ROUTE. LE TOUT SERA D'ÉVITER L'ENNEMI.
MÛ PAR UNE ÉNERGIE NOUVELLE, NOTRE HÉROS CONTINUE SON CHEMIN...
TOUT AUTOUR DU NAUFRAGÉ DE L'AIR, LA FORÊT SE DRESSE TEL UN TEMPLE AUX MULTIPLES PILIERS.
SOUDAIN, UN BRUIT LUI FAIT LEVER LA TÊTE...
PLAFFF
UNE ORCHIDÉE DE CETTE TAILLE ? EST-CE QUE, PAR HASARD, JE RÊVERAIS TOUT ÉVEILLÉ ?

MAIS BOB NE RÊVE PAS. IL N'EST D'AILLEURS PAS AU BOUT DE SES ÉTONNEMENTS, CAR...
DES BAMBOUS GÉANTS !... JE N'EN AI JAMAIS VU DE SEMBLABLES...
... À L'ORCHIDÉE ET AUX BAMBOUS GÉANTS SUCCÈDE UNE SAVANE DONT LES HERBES ATTEIGNENT PLUSIEURS MÈTRES DE HAUTEUR...
OUF! ME VOILÀ SORTI DE CETTE MAUDITE SAVANE... ON AURAIT DIT QUE LA NATURE AVAIT SOUDAIN ÉTÉ ENSORCELÉE... POURVU QUE CE MARAIS NE ME RÉSERVE PAS DE NOUVELLES SURPRISES !...
MAUDITES BESTIOLES!
JE VAIS TRAVERSER CE PETIT BOIS POUR GAGNER DU TEMPS... LE JOUR S'AVANCE, ET JE NE TIENS PAS À DEVOIR PASSER LA NUIT DANS CES MARÉCAGES...
POURTANT, BOB S'EST À PEINE ENGAGÉ DANS LE PETIT BOIS QUE, TOUT AUTOUR DE LUI...
... LE MARAIS SE PEUPLE DE GUEULES VERTES ET AVIDES.

DES DIONÉES !... DE VULGAIRES VÉNUS-ATTRAPE-MOUCHES, MAIS GÉANTES !... JAMAIS UN TEL PHÉNOMÈNE N'A ÉTÉ SIGNALÉ DANS LA RÉGION, FORT VOISINE D'AMAZONIA.
UNE LUTTE SANS MERCI S'ENGAGE ENTRE L'HOMME ET LES VÉGÉTAUX CARNIVORES...
UNE SEULE PENSÉE OCCUPAIT MORANE : SORTIR AU PLUS TÔT DE CES MARÉCAGES...
LA TERRE FERME !... ENCORE UN EFFORT ET JE SUIS SAUVÉ...
OUI, ENCORE UN EFFORT ET BOB SERA SAUVÉ, MAIS LES PLANTES VORACES...

...NE SEMBLENT PAS VOULOIR LÂCHER AUSSI AISÉMENT LEUR PROIE.
DANS UN DERNIER SURSAUT D'ÉNERGIE, MORANE PARVIENT ENFIN À S'ARRACHER À L'ÉTREINTE DES MARAIS.
OUF ! J'AI BIEN CRU Y RESTER. DÉCIDÉMENT, IL SE PASSE DES CHOSES BIZARRES DANS LE COIN...
BOB S'EST REMIS EN ROUTE POUR REJOINDRE L'ARMÉE RÉVOLUTIONNAIRE...
ME VOILÀ DANS LA RÉGION OÙ LA FORÊT A ÉTÉ DÉBROUSSAILLÉE À L'AIDE DE BOMBES ATOMIQUES. LOGIQUEMENT, JE DEVRAIS APERCEVOIR AMAZONIA À L'HORIZON, MAIS CELUI-CI EST CACHÉ PAR LA VÉGÉTATION. IL ME SEMBLE QU'ELLE A REPOUSSÉ BIEN VITE !...
JE N'AI JAMAIS RIEN VU DE SEMBLABLE. DES LIANES ET DES FLEURS AUSSI MONSTRUEUSES...
J'AI L'IMPRESSION DE VIVRE DANS UN RÊVE... OU UN CAUCHEMAR. TOUT, DEPUIS QUELQUES HEURES, ME PARAÎT SI EXTRAORDINAIRE, SI FANTASTIQUE... ON DIRAIT QUE LA NATURE...
ET QUELQUES CENTAINES DE MÈTRES PLUS LOIN...
CETTE FOIS, CELA DÉPASSE TOUT.
UNE JEEP DANS UN ARBRE ! IL Y A DE QUOI Y PERDRE SON LATIN !...

CE QUE JE ME DEMANDE, C'EST COMMENT CE VÉHICULE A BIEN PU ARRIVER LÀ-HAUT. D'AILLEURS, CETTE RÉGION VOISINE D'AMAZONIA DEVRAIT ÊTRE DÉPOURVUE D'ARBRES, PUISQU'ELLE A ÉTÉ DÉBROUSSAILLÉE, IL N'Y A PAS SI LONGTEMPS, À COUPS DE BOMBES ATOMIQUES.
C'EST SEULEMENT QUAND LES RADIATIONS NE FURENT PLUS À CRAINDRE QUE L'ON COMMENÇA À CONSTRUIRE LA VILLE. LOGIQUEMENT DONC, COMME LE PROUVENT LES TRONCS CALCINÉS, IL NE DEVRAIT PLUS Y AVOIR UN ARBRE INTACT ICI. AU LIEU DE CELA, IL Y EN A QUI POUSSENT BIEN VERTS...! ET QUI ONT DES JEEPS EN GUISE DE FRUITS !...
LES MAINS EN L'AIR, AMIGO !... ET, SURTOUT, N'ESSAYEZ PAS DE VOUS DÉFENDRE...
LES MOSTACHOSOS !... JE SUIS LE COMMANDANT MORANE. MENEZ-MOI SANS RETARD AUPRÈS DU GÉNÉRAL GONZALEZ !
LE COMMANDANT MORANE! NOUS AVONS DES ORDRES À VOTRE SUJET. VEUILLEZ NOUS SUIVRE, SEÑOR...
LES MOSTACHOSOS CONDUISENT MORANE À TRAVERS UNE JUNGLE OÙ, PAR ENDROIT, ON APERÇOIT L'ÉPAVE D'UN VÉHICULE.
ET, UNE HEURE PLUS TARD...
ON N'ESPÉRAIT PLUS VOUS REVOIR, COMMANDANT.
QUELLE JOIE DE VOUS RETROUVER BOB! ON VOUS CROYAIT MORT...
DÈS QU'UN AVION DE TRANSPORT NOUS EUT DÉPOSÉ DANS LA RÉGION, J'AI ENVOYÉ DES PATROUILLES À VOTRE RECHERCHE.
DEPUIS QUE VOTRE AVION A ÉTÉ ABATTU, COMMANDANT MORANE, BIEN DES ÉVÉNEMENTS SONT SURVENUS LA VICTOIRE DE NOS TROUPES EST TOTALE, GRÂCE À DE NOUVEAUX ALLIÉS...
DE NOUVEAUX ALLIÉS? DE QUI VOULEZ-VOUS PARLER, GÉNÉRAL ?
VENEZ, BOB... NOUS ALLONS VOUS LES PRÉSENTER, CES ALLIÉS !...

À LA VUE DE BOB S'ÉTEND UN VASTE CAMP MILITAIRE À PRÉSENT DÉSERTÉ...
LES VOILÀ, NOS ALLIÉS : LES ARBRES !...
LA TERREUR VERTE, N'EST-CE PAS, PROFESSEUR ?...
OUI, BOB, LA TERREUR VERTE !...
COMMENT EXPLIQUEZ-VOUS CETTE SOUDAINE CROISSANCE DES VÉGÉTAUX, PROFESSEUR ?...
L'EFFET DES RADIATIONS... SOUVENEZ-VOUS QUE TOUTE CETTE RÉGION A ÉTÉ DÉBROUSSAILLÉE À L'AIDE DE BOMBES ATOMIQUES, AFIN QU'IL SOIT POSSIBLE D'Y ÉDIFIER PLUS RAPIDEMENT LA CITÉ D'AMAZONIA.
QUAND ON SE MIT À CONSTRUIRE LA VILLE, ON CRUT QUE TOUT DANGER ÉTAIT ÉCARTÉ EN CE QUI CONCERNAIT LES RADIATIONS. POURTANT, SI CES DERNIÈRES N'ÉTAIENT PLUS À CRAINDRE DES HOMMES, ELLES AVAIENT AGI SUR LES PLANTES...
SANS DOUTE EN PROVOQUANT UNE MUTATION ?...
C'EST BIEN CELA. TOUT D'ABORD, LES VÉGÉTAUX ONT REPOUSSÉ NORMALEMENT, COMME APRÈS UN FEU DE BROUSSE. ENSUITE, IL Y A QUELQUES HEURES À PEINE, CE FUT LA CROISSANCE ACCÉLÉRÉE, LA BRUSQUE EXPLOSION DE GIGANTISME !...
CETTE "MUTATION", COMME VOUS DITES, NOUS A SERVIS EN DÉTRUISANT LE MATÉRIEL ENNEMI ET EN TERRORISANT LES SOLDATS DE PORFIRIO, QUI SE SONT RENDUS EN MASSE À NOS TROUPES. DÉSORMAIS, LE CHEMIN D'AMAZONIA NOUS EST OUVERT !
PENDANT CE TEMPS, À AMAZONIA, LE COMMISSAIRE, ÂME DAMNÉE DU TYRAN PORFIRIO, S'APPRÊTE À PRENDRE LA FUITE.
POURTANT, QUELQU'UN, OU QUELQUE CHOSE, DEVAIT VENIR TROUBLER SES PROJETS DE DÉPART.

TERRORISÉ, LE CHEF DE LA POLICE DU TYRAN PORFIRIO FUIT DEVANT LE MONSTRUEUX BOURGEONNEMENT DES PLANTES D'ORNEMENT QUI, TOUCHÉES PAR LA MUTATION, ENVAHISSENT MAINTENANT LE BUREAU.
IL ME FAUT FUIR, SINON JE VAIS ÊTRE ÉTOUFFÉ !...
DANS AMAZONIA, CEPENDANT, CES FAITS ÉTRANGES NE SE LIMITENT PAS AU BUREAU DU COMMISSAIRE...
UN PEU PARTOUT, LA FUREUR DES PLANTES SE DÉCHAÎNE...
DE SON CÔTÉ, LE COMMISSAIRE A RÉUSSI À SE LIBÉRER...
L'ASCENSEUR !... VITE L'ASCENSEUR !...
OUF ! SAUVÉ !...
MAIS LE MALHEUREUX SE REND BIENTÔT COMPTE QU'IL NE FAUT JAMAIS CRIER TROP TÔT VICTOIRE...

UNE FOIS ENCORE, LE SEÑOR COMISARIO DOIT CHERCHER SON SALUT DANS LA FUITE...
CHASSÉS DE LEURS FOYERS, LES HABITANTS D'AMAZONIA QUITTENT LA VILLE...
TOUT EST DÉVASTÉ PAR LA VÉGÉTATION, SEÑOR. DES RUINES PARTOUT, C'EST LA SELVA QUI SE VENGE!
GAGNONS AMAZONIA AU PLUS VITE. DES GENS DOIVENT AVOIR BESOIN DE SECOURS LÀ-BAS.
MAIS, DÉJÀ, LA TERREUR VERTE A TISSÉ UN REMPART VÉGÉTAL AUTOUR DE LA CITÉ...
ET C'EST À COUPS DE LANCE-FLAMMES QUE LES SAUVETEURS DOIVENT SE FRAYER UN PASSAGE...
FINALEMENT, BOB MORANE, SES AMIS ET LES MOSTACHOSOS ATTEIGNENT LE CENTRE DE LA VILLE...
PAS À DIRE, C'EST UN FAMEUX GÂCHIS...
LES COLÈRES DE LA NATURE SONT TERRIBLES ET, CETTE FOIS, CE SONT LES HOMMES EUX-MÊMES QUI LUI ONT FOURNI LA FORCE NÉCESSAIRE À SA VENGEANCE...
LÀ-BAS, REGARDEZ! OU JE M'ABUSE OU NOUS AVONS DÉJÀ APERÇU CE GENTLEMAN QUELQUE PART...

TIENS, ON DIRAIT NOTRE AMI LE COMMISSAIRE. IL A TOUJOURS AIMÉ OCCUPER UNE SITUATION ÉLEVÉE...
VENEZ ME LIBÉRER OU JE VOUS FAIS TOUS ARRÊTER. VOUS M'ENTENDEZ ? JE VOUS FAIS TOUS ARRÊTER !...
VOUS N'ÊTES PLUS EN ÉTAT DE FAIRE ARRÊTER QUELQU'UN, SEÑOR COMISARIO. SI J'ÉTAIS UN MONSTRE DE VOTRE ESPÈCE, JE VOUS LAISSERAIS SUSPENDU LÀ...
ALLEZ DÉTACHER NOTRE AMI LE COMMISSAIRE. C'EST FINI POUR LUI DE CONTEMPLER LE COMMUN DES MORTELS DU HAUT DE SA GRANDEUR.
UN INSTANT, SEÑOR COMISARIO, JE VAIS METTRE FIN À VOS TOURMENTS !...
NE ME TUEZ PAS, NON, NON, NE ME TUEZ PAS...
ATTENTION, SEÑOR, LE SOL EST BAS ! AH ! AH ! AH !...
GRANDEUR ET DÉCADENCE, N'EST-CE PAS, MES AMIS ?
OUI, LES JOURS SE SUIVENT ET NE SE RESSEMBLENT PAS !
CESSEZ DE VOUS MOQUER DE CE PAUVRE COMMISSAIRE. SOYONS CHARITABLES !

CHARITABLES ? CET INDIVIDU A FAIT SOUFFRIR TROP DE PAUVRES GENS. IL MÉRITERAIT D'ÊTRE FUSILLÉ...
NON, NE ME FUSILLEZ PAS !... JE VOUS EN SUPPLIE !... NE ME FUSILLEZ PAS...
NOUS NE SOMMES PAS DES SAUVAGES, NOUS, SEÑOR. VOUS SEREZ JUGÉ SELON VOS MÉRITES... QU'ON L'EMMÈNE !...
BOB MORANE ET SES COMPAGNONS REPRENNENT LEUR AVANCE À TRAVERS LA CITÉ DÉVASTÉE...
ON DIRAIT QUE LA CROISSANCE DES ARBRES A PRIS FIN.
CELA N'A RIEN D'ÉTONNANT. ILS NE POUVAIENT CONTINUER À POUSSER INDÉFINIMENT. IL EST MÊME PROBABLE QU'AU COURS DES HEURES QUI VONT SUIVRE, ILS DÉPÉRIRONT, FAUTE DE POUVOIR TROUVER DANS LE SOL UNE NOURRITURE SUFFISANTE.
AUSSI RAPIDE AURA ÉTÉ LEUR CROISSANCE, AUSSI RAPIDE SERA SANS DOUTE LEUR ANÉANTISSEMENT. ET LA TERREUR VERTE AURA VÉCU...
SEÑOR GÉNÉRAL !... SEÑOR GÉNÉRAL !... UNE GRANDE NOUVELLE !... UNE GRANDE NOUVELLE !...

RÉVOLTE DANS L'ARMÉE GOUVERNEMENTALE. STOP. FORCES RÉVOLUTIONNAIRES TRIOMPHENT PARTOUT. STOP. TYRAN PORFIRIO A FUI À L'ÉTRANGER. STOP. VICTOIRE. STOP.
CETTE FOIS, LA TYRANNIE EST DÉFINITIVEMENT VAINCUE. ET CELA GRÂCE À VOUS, MES AMIS. SI VOUS N'AVIEZ RÉUSSI À VOUS EMPARER DES AVIONS DE PORFIRIO!...
N'OUBLIEZ PAS LA TERREUR VERTE, GÉNÉRAL. CERTES, ELLE M'A DONNÉ DU FIL À RETORDRE DANS LA FORÊT, MAIS ELLE A FINALEMENT CONTRIBUÉ À NOTRE TRIOMPHE.
BIENTÔT, MALGRÉ LES RUINES, L'ANNONCE DE LA VICTOIRE ENTRAÎNE L'ALLÉGRESSE GÉNÉRALE.
VIVA LOS MOSTACHOSOS !...
PAN
VIVA EL GÉNÉRAL GONZALEZ !
ET, BIENTÔT, COMME L'AVAIT PRÉVU LE PROFESSEUR CLAIREMBART, LA TERREUR VERTE NE FUT PLUS QU'UN MAUVAIS SOUVENIR.
AUSSITÔT, LE NETTOYAGE DE LA VILLE COMMENCE...
BZZZZZ
LES ARBRES MORTS, SOUVENIRS DE LA TERREUR VERTE, SONT ABATTUS...
...ET TRAÎNÉS HORS DE LA CITÉ...

...DES ÉQUIPES DE TRAVAILLEURS S'ATTACHENT À REMETTRE LES ÉDIFICES EN ÉTAT, POUR QUE LA VIE PUISSE REPRENDRE SON COURS NORMAL.
CE JOUR-LÀ, LE GÉNÉRAL GONZALEZ, ACCOMPAGNÉ DE BOB MORANE ET DE SES AMIS, INSPECTAIENT LES TRAVAUX, QUAND...
BIENTÔT, LA VILLE AURA RETROUVÉ SON ASPECT COUTUMIER ET LA TERREUR VERTE SERA OUBLIÉE.
IL NE FAUT PAS QU'ELLE SOIT OUBLIÉE. ELLE DOIT RAPPELER AUX HOMMES QUE LA NATURE DEMEURE TOUTE PUISSANTE ET QUE, SI ON LA CONTRECARRE, SA COLÈRE PEUT ÊTRE TERRIBLE...
UN ESPION !...
ET IL A LAISSÉ POUSSER SA MOUSTACHE, AFIN DE SE FAIRE PASSER POUR L'UN DES NÔTRES...
QU'EST-CE ENCORE ?...
CET INDIVIDU EST UN ESPION. IL PRENAIT DES PHOTOS DES TRAVAUX...
JE CONNAIS CET HOMME. IL EST INNOCENT. RELÂCHEZ-LE...
DÉCIDÉMENT, SEÑOR, NOUS PASSONS NOTRE TEMPS À VOUS TIRER D'AFFAIRE. SI VOUS TENEZ ABSOLUMENT À PRENDRE DE BELLES PHOTOS, POURQUOI NE PAS VENIR FAIRE UN PETIT VOYAGE EN NOTRE COMPAGNIE ?
REVOILÀ VOTRE TEMPLE, PROFESSEUR. ESPÉRONS QUE, CETTE FOIS, VOUS POURREZ L'ÉTUDIER À VOTRE AISE...
OH ! OH ! QUELLES BELLES PHOTOS EN PERSPECTIVE !...
OUI, MAIS ATTENTION, SEÑOR !... CHAQUE FOIS QUE VOUS VOUS METTEZ À PHOTOGRAPHIER, LES ENNUIS COMMENCENT...
FIN

APRÈS AVOIR AMERRI, NOS AMIS ACCOMPAGNÉS DU DIRECTEUR DE LA BANQUE INTERNATIONALE, SE TROUVENT UNE NOUVELLE FOIS DEVANT LE TEMPLE...
CETTE FOIS-CI NOUS N'AURONS PAS DE COMITÉ POUR NOUS ACCUEILLIR...
EN EFFET. LES MOSTACHOSOS ONT QUITTÉ LE TEMPLE LORS DE LA GRANDE OFFENSIVE...
ILS ÉTAIENT MÊME FORT PRESSÉS DE PARTIR, CAR ILS ONT ABANDONNÉ LEURS PROVISIONS !...
HMM ! DES BOÎTES DE VIANDE À LA SAUCE TOMATE. CELA ME PARAÎT BIEN APPÉTISSANT...
MAIS, JE SUPPOSE QUE LE PROFESSEUR N'A PAS FAIT DEUX FOIS LE VOYAGE JUSQU'ICI POUR ÉTUDIER L'ANATOMIE D'UNE BOÎTE DE CONSERVES ?...
CHERCHONS UN ENDROIT PROPICE POUR NOUS LOGER...
OUI, DANS CE PALACE LA PLACE NE MANQUE PAS. ESPÉRONS QUE LE SERVICE NE LAISSE PAS À DÉSIRER !...
JE CROIS QUE NOUS POUVONS NOUS INSTALLER ICI, QU'EN PENSEZ-VOUS, MES AMIS ?...
J'AURAIS PRÉFÉRÉ UNE CHAMBRE AVEC VUE SUR LA MER, ENFIN JE SERAI BIEN OBLIGÉ DE ME CONTENTER DE CECI !
NOUS VOILÀ INSTALLÉS. À PRÉSENT, PROFESSEUR, VOUS ALLEZ POUVOIR ÉTUDIER CES RUINES À VOTRE AISE !
CE NE SERA PAS TROP TÔT. CETTE ÉTUDE EST D'UNE GRANDE IMPORTANCE POUR MES TRAVAUX...
AAAAHHH
AAAAAHH
57

QUI DONC A POUSSÉ CE CRI EFFROYABLE ?...
BRR ! J'EN AI FROID DANS LE DOS !...
CELA VENAIT DE CE CÔTÉ ! QUELQU'UN EST EN DANGER. ALLONS-Y !...
ATTENTION ! C'EST PEUT-ÊTRE UN PIÈGE DES INDIENS SURUCUJU !...
LÀ ! REGARDEZ, UN HOMME PAR TERRE !...
AAAA !
QUE VOUS EST-IL ARRIVÉ, SEÑOR ! RÉPONDEZ...
UN SERPENT ! J'AI ÉTÉ MORDU PAR UN SERPENT ! AU SECOURS ! AIDEZ-MOI !...
LE SERPENT !... LÀ !...
PAN
C'EST UN ELAPS. IL A DÛ SE CROIRE EN DANGER, CAR CETTE ESPÈCE ATTAQUE RAREMENT L'HOMME !
SA MORSURE EST-ELLE MORTELLE ?...

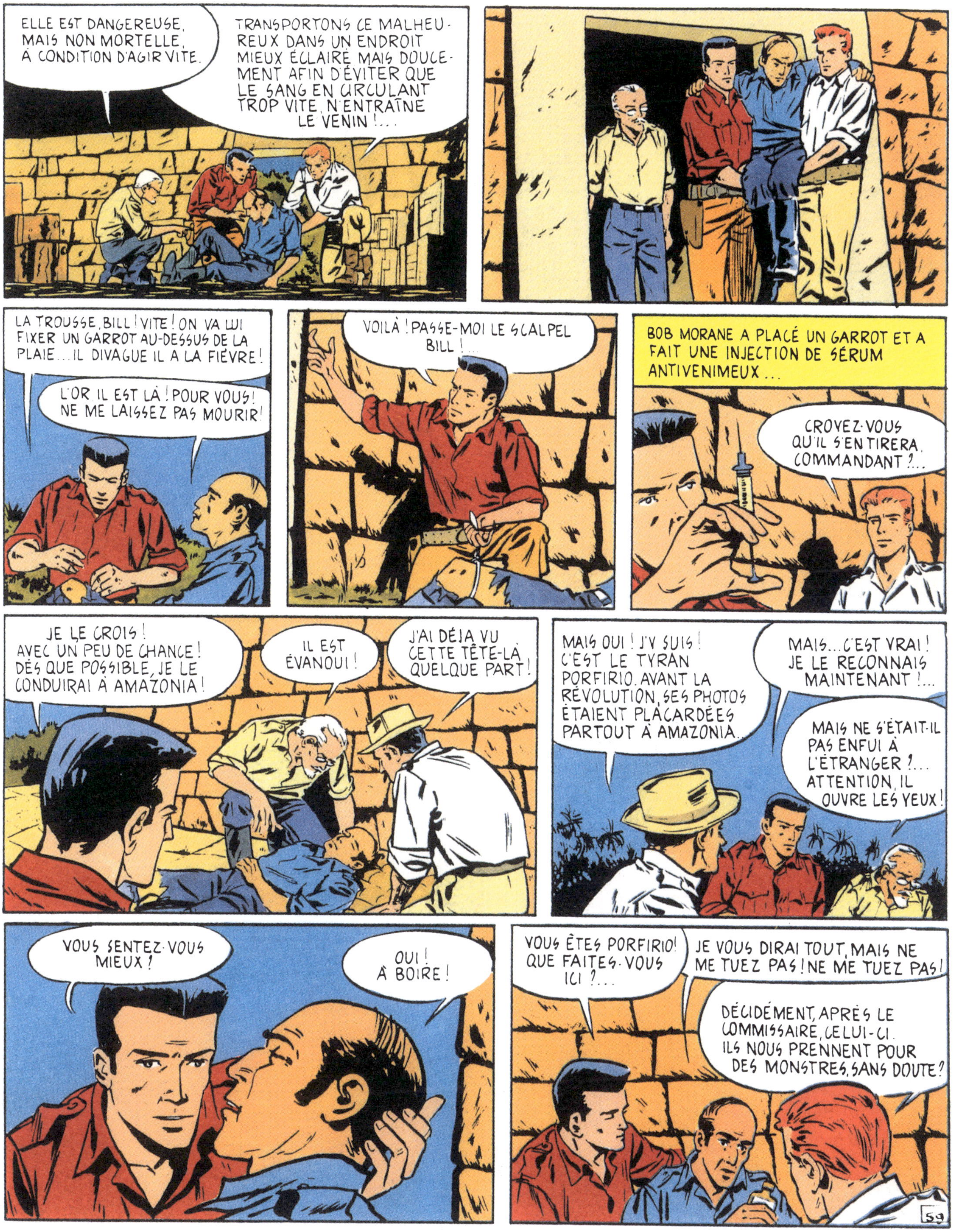
ELLE EST DANGEREUSE, MAIS NON MORTELLE, À CONDITION D'AGIR VITE.
TRANSPORTONS CE MALHEUREUX DANS UN ENDROIT MIEUX ÉCLAIRÉ MAIS DOUCEMENT AFIN D'ÉVITER QUE LE SANG EN CIRCULANT TROP VITE N'ENTRAÎNE LE VENIN !...
LA TROUSSE, BILL ! VITE ! ON VA LUI FIXER UN GARROT AU-DESSUS DE LA PLAIE... IL DIVAGUE IL A LA FIÈVRE !
L'OR, IL EST LÀ ! POUR VOUS ! NE ME LAISSEZ PAS MOURIR !
VOILÀ ! PASSE-MOI LE SCALPEL BILL !...
BOB MORANE A PLACÉ UN GARROT ET A FAIT UNE INJECTION DE SÉRUM ANTIVENIMEUX...
CROYEZ-VOUS QU'IL S'EN TIRERA, COMMANDANT ?...
JE LE CROIS ! AVEC UN PEU DE CHANCE ! DÈS QUE POSSIBLE, JE LE CONDUIRAI À AMAZONIA !
IL EST ÉVANOUI !
J'AI DÉJÀ VU CETTE TÊTE-LÀ QUELQUE PART !
MAIS OUI ! J'Y SUIS ! C'EST LE TYRAN PORFIRIO. AVANT LA RÉVOLUTION, SES PHOTOS ÉTAIENT PLACARDÉES PARTOUT À AMAZONIA.
MAIS... C'EST VRAI ! JE LE RECONNAIS MAINTENANT !...
MAIS NE S'ÉTAIT-IL PAS ENFUI À L'ÉTRANGER ?... ATTENTION, IL OUVRE LES YEUX !
VOUS SENTEZ-VOUS MIEUX ?
OUI ! À BOIRE !
VOUS ÊTES PORFIRIO ! QUE FAITES-VOUS ICI ?...
JE VOUS DIRAI TOUT, MAIS NE ME TUEZ PAS ! NE ME TUEZ PAS !
DÉCIDÉMENT, APRÈS LE COMMISSAIRE, CELUI-CI. ILS NOUS PRENNENT POUR DES MONSTRES, SANS DOUTE ?
59

QUAND J'AI VU QUE TOUT TOURNAIT MAL, J'AI VOULU FUIR À L'ÉTRANGER MAIS TOUS MES PARTISANS M'AVAIENT ABANDONNÉ. ALORS JE ME SUIS SOUVENU DU TEMPLE QUITTÉ PAR LES MOSTACHOSOS ET J'AI PENSÉ QUE CE SERAIT UNE BONNE CACHETTE. QUI, EN EFFET, AURAIT SONGÉ À VENIR ME CHERCHER ICI ? PROFITANT DE LA CONFUSION GÉNÉRALE, J'AI EMPORTÉ TOUT CE QUE JE POUVAIS DE MA FORTUNE ET JE ME SUIS ENVOLÉ À BORD DE MON PIPER-CUB... JE ME SUIS POSÉ NON LOIN D'ICI... VOUS CONNAISSEZ LA SUITE...
VOUS NE POUVIEZ QUAND MÊME PAS SONGER À RESTER ICI INDÉFINIMENT !
J'AURAIS ATTENDU QUE TOUT SOIT CALME À AMAZONIA POUR GAGNER L'ÉTRANGER !
SANS CE MAUDIT SERPENT, J'AURAIS PU TENIR ICI UN BON BOUT DE TEMPS. LES MOSTACHOSOS AVAIENT LAISSÉ DES VIVRES ET DES ARMES !...
JE VAIS ÊTRE OBLIGÉ DE VOUS CONDUIRE À AMAZONIA. VOUS NE POUVEZ RESTER ICI. VOUS AVEZ BESOIN DE SOINS !
MAIS... LES MOSTACHOSOS ?
LES MOSTACHOSOS ?... C'EST À LEUR TOUR DE JOUER, EXCELLENCE. AINSI VA LA VIE !...
BILL ET MOI, PROFESSEUR, ALLONS TRANSPORTER LE BLESSÉ À AMAZONIA. NOUS NOUS RETROUVERONS ICI DANS QUELQUES HEURES...
VOUS ÊTES FORMIDABLE, COMMANDANT MORANE. NON SEULEMENT VOUS NOUS AVEZ AIDÉ À GAGNER LA RÉVOLUTION, MAIS ENCORE VOUS NOUS RAMENEZ LE TYRAN PORFIRIO EN PERSONNE !...
JE N'AI PAS DE MÉRITE, GÉNÉRAL ! C'EST CE SERPENT QUI A TOUT FAIT.
UN SERPENT QUI AVAIT DES SENTIMENTS PATRIOTIQUES ! AH ! AH ! AH !...
NOUS REJOIGNONS LE PROFESSEUR CLAIREMBART SANS RETARD ! AU REVOIR, GÉNÉRAL !
AU REVOIR, MES AMIS !... ET BONNE CHANCE !...
ET, QUELQUES HEURES PLUS TARD, DEVANT LE TEMPLE EN RUINES...
CE TEMPLE M'EN RAPPELLE VAGUEMENT UN AUTRE, AUX INDES...
L'INDE ? J'AI BIEN ENVIE D'Y ALLER FAIRE UN TOUR UN DE CES JOURS ! QU'EN PENSES-TU, BILL ?...
CE QUE J'EN PENSE, COMMANDANT ? QU'IL EST INUTILE D'ALLER QUELQUE PART PUISQUE, TOUJOURS NOUS DÉSIRONS ÊTRE AILLEURS...
FIN

BOB MORANE FACE A
S
Nous avons commencé cette affaire tout seuls et nous
savoir que souvent il ne suffit pas à vaincre certaines
puissances… J'aimerais cependant pouvoir vous donner
quelques tuyaux, cela sans blesser votre vanité bien en-
tendu…
peut nous ser-
Pieuvre, a été
nsortium étran-
lle ici, à Ma-
sible.
nous in
— J'ai peu de chose à vous dire
ouverture tout s'est passé au Ylang-Ylan
hôtel normal, sans qu'aucun scandale y ait lieu, sans
sceptible d'attirer l'at-
lques jours cependant,
urirent la venue à Ma-
connu uniq
M.D.O.…
Ylang
celui de Smith
d'affaires…
ne connaî
t améri
p de choses…
intervint Morane. Ce que
uoi on ne nous a pas enlevés en
Bill et moi…
on ne tenait pas à ce que vous